JN439916

꽃이 되고 바람이 되어

꽃이 되고 바람이 되어

초판 1쇄 인쇄 2016년 03월 19일
지은이 김언홍
펴낸이 이승훈
펴낸곳 해드림출판사
주 소 서울 영등포구 경인로 82길 3-4(문래동1가 39)
센터플러스빌딩 1004호(우편07371)
전 화 02-2612-5552
팩 스 02-2688-5568
E-mail jlee5059@hanmail.net

등록번호 제87-2007-000011호
등록일자 2007년 5월 4일

* 책값은 표지에 있습니다
* 잘못된 책은 바꿔드립니다

ISBN 979-11-5634-132-1

김언홍 수필집

가 할 수 있는 일은 이것이 전부란다.
제부턴 네게 달렸어!

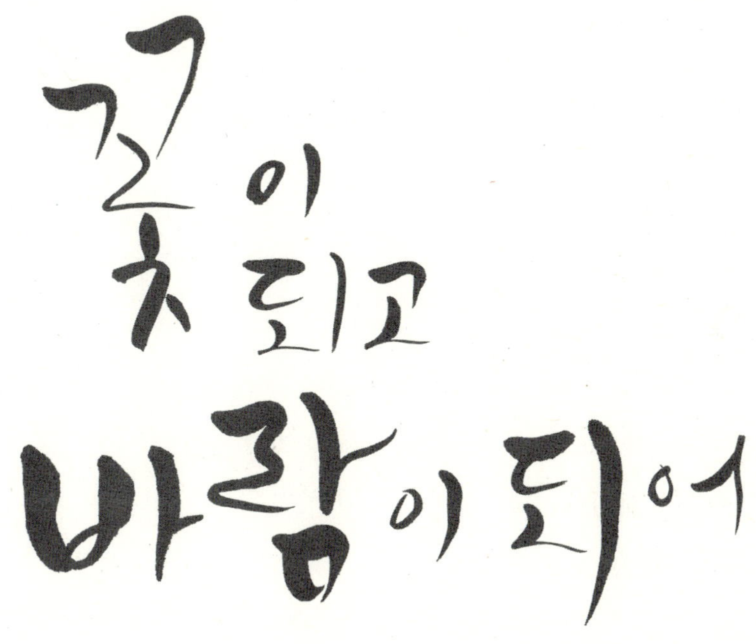

해드림출판사

펴 / 내 / 는 / 글

나를 닮은 바람새

겨울 숲에서 새가 운다. 모습을 감춘 채 벌거벗은 나목 사이로 날아다니며 운다. 닿고 싶어도 닿을 곳이 없고 머물고 싶어도 머물 곳을 찾지 못해 날기만 하는 새, 바람 새. 나를 닮았다.

이제는 나도 어딘가에 닿고 싶다.

퍼덕이는 날갯짓을 내려놓고 싶다.

아픔을 지우듯, 지나온 삶의 쉼표를 찍고 싶다.

즐거움보다는 아픔이 더 많았던 시간들. 바람이 되어 떠나간 아우는 어느 숲에서 울고 있을까? 내 옷자락을 흔들며 멀어지던 바람이 아우였을까.

지나고 나면 모두 다 한 조각 꿈인 것을.

봄볕이 뜨락을 적신다. 겨우내 움츠렸던 꽃망울들이 기지개를 켜며 깨어나는 소리가 들린다. 비틀거리며 살아온 내 삶의 흔적들이 누군가에게 작은 위안이라도 될 수 있었으면 좋겠다.

같이 아파해 줄 그 한 사람을 위해 이 책을 바친다.

2016년 03월

김연홍

차 례

1. 꽃이 되고 바람이 되어

2. 덧없음에 대하여

3. 잊는 연습

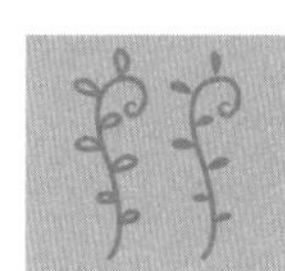

4. 우리가 찾아야 하는 것은

1. 꽃이 되고 바람이 되어

봄에 기대어

칼바람 속에서도 생명은 움이 트고 있었나 보다. 돌담 가에 하얀 민들레가 꽃을 피웠다.

푸릇푸릇 잡초 사이에서 햇볕 바라기를 하며 긴 목을 건들거린다. 아! 저처럼 우리네 삶도 되풀이될 수 있다면 얼마나 좋을까. 지난날 아픔 다 잊고 다시는 울지 않을 텐데. 냉이도 캐서 데쳐 무치고 달래도 썰어 오이와 버무린다. 아직은 덜 자란 풋마늘도 꺾어다 상에 올린다. 큼큼한 된장찌개와 어우러진 푸른 식탁을 차린다.

생명이 움트는 계절. 이 봄에 봄을 먹는다. 태초에 세상은 봄부터 시작이 되었으리라.

햇볕 화사한 뜰을 걸어본다. 포근포근 밟히는 흙의 너그러움이 내 발을 감싸 안는다. 불시에 찾아온 지인이 나물을 캔다고 원추리밭으로 다가간다. 칼을 대려는 순간 내가 소리 질렀다. '안돼요, 안 돼!' 꽃을 보기 위해 심은 야생 원추리는 제 고향 산자락을 떠난 지 이태 만에 인간의 뜰에 익숙해져 키만 멀쑥하게 자란다. 하지만 지금도 제가 나고 자란 산자락을 그리워하겠지.

한 달여를 두고 병원을 들락거렸다. 이틀 거리로 혹은 닷새 거리로 그렇게 한 달을 오락가락하며 지냈다. '부정맥!' 내게 내려진 병명이었다. 밤이면 가슴이 벌떡거려 잠을 못 이루고 자다가도 숨이 잘 안 쉬어져 일어나 앉기를 몇 번. 내가 이병으로 죽으려는가! 방정맞은 생각이 들었다. 사람도 나무처럼 묵은 싹을 베어내고 새로운 싹을 틔울 수는 없는 건가. 새싹이 자라듯 내 안에서도 푸른 기운이 샘솟기를 기대해본다. 얼었던 땅이 몸을 풀면 겨우내 잠자던 생명이 새로운 기운을 받아 기지개를 켜듯 사람도 그리할 수만 있다면 얼마나 좋을까. 꽃잎이 흩날린다. 아름다운 것만 취하며 살라고 바람은 저리도 곱게 꽃을 피우는 것이리라.

마을 노인이 돌아가셨다고 부고장이 날아왔다. 아흔아홉 수(壽)를 누리고 가신 노인. 백수 잔치 치른 지 석 달 만에 눈을 감으셨으니 참 복 많은 노인이다. 하지만 그 복으로 인해 자식들이 힘들었다면 그건 죽은 자의 복이지 산자에겐 힘든 세월이었을 것이다. 숨 쉰다고 눈 뜨고 있다고 밥을 삼킬 수 있다고 해서 살아있다고 말할 수 있을까. 사고하는 능력이 저하된 노인에게 삶의 즐거움은 끝난 지 오래다. 그저 꿈틀거리는 하나의 몸짓에 불과할 뿐인 것을. 영혼과 육신을 오롯이 묻고 잠들어 있을 그 노인에게 삶이란 어떤 것이었느냐고 물으면 어떤 대답을 들려줄까.

쏴아, 바람이 몰려온다. 민들레 긴 허리가 한들거린다. 생명이 움트는 이 봄의 기가 인간에게도 전해지기를 간절히 염원해본다.

꽃이 되고 바람이 되어

때아닌 팔월에 영산홍이 꽃을 피웠다.

죽은 줄만 알았던 나뭇가지에 물이 오르고 낙엽 들던 이파리가 어느새 제 빛깔로 돌아와 나를 반긴다. 손길이 닿지 않는 그 어딘가에 살아 있을 것만 같은 아이의 영혼인 양 문득 다가와 웃고 있다.

수술을 받고 한동안 입원해 있던 제부가 퇴원을 하였다기에 찾아갔던 날이었다. 아파트 안으로 들어설 땐 미처 보지 못했던 작은 나무 한 그루가 문을 나설 때 보니 누렇게 말라붙은 잎사귀를 매달고 낡은 자루 속에 흙덩어리와 함께 문밖에 버려져 있는 것이었다.

웬 나무를 이리도 말려 죽이는가 싶어 들여다보고 있노라니 배웅하려고 뒤따라 나왔던 동생이 "버리려고 내놓은 거야, 한참 됐어. 병원에 가 있느라고 미처 치우지를 못했어!" 하며 겸연쩍게 웃었다.

나무는 도심의 공원이나 한적한 외곽 지역 도로변에 흔히 심겨 있는 화초 나무로 영산홍이다. 봄이면 우리 집 화단에서도 무리를 지어 꽃을 피우는 터라 별로 관심을 끌 만한 나무도 아니었는데 그날따라 이상하게도 내 시선을 끌어당겼다. 가지 하나를 꺾어보니 물기는 이미 걷히고 없어도 파릇한 기운이 남아있는 것이 살릴 수도 있겠다는 생각이 들었다. 자루를 집어 드니 죽은 나무를 뭣 하러 가져가느냐고 남편이 손사래 쳤다. 하지만 못 들은 척 들고 내려와 차 트렁크에 실었다.

집으로 돌아와 옷도 갈아입지 않고 말라버린 나무뿌리에 물을 흠뻑 뿌려준 뒤 뿌리가 상하지 않도록 구덩이를 넓게 판 뒤 나무를 심었다. 그리곤 아이에게 하듯 나무를 향해 중얼거렸다.

"내가 할 수 있는 일은 이것이 전부란다. 이제부턴 네게 달렸어."

아무 상관도 없는 나무를 보며 왜 갑자기 떠난 아이가 생각났을까.

당시, 우리가 사는 곳과는 상당한 거리에 있는 회관 마당에서는 대보름맞이 윷놀이가 한창이었다. 놀이마당에 도착한 지 십 분 남짓 되었을까. 남편으로부터 다급한 전화가 걸려왔다.

"OO이가 죽었어!"

회관으로 향하기 전 밭둑에서 친구들과 놀던 손자를 보았는데 이 무슨 청천 하늘에 날벼락 같은 소리인가? 믿기지 않는 마음으로 허둥지둥 달려와 보니 아이는 이미 싸늘한 주검이 되어 차디찬 땅에 누워있었다. 안전 설치를 해 놓지 않고 방치해 둔 과수원 웅덩이에서 아이는 친구와 나란히 너무도 짧은 삶을 마감한 것이었다. 아이 나이 겨우 일곱 살, 눈에 넣어도 아프지 않을 첫 손자였다.

물기 하나 없는 낡은 자루 안에서 죽어가던 나무는 차디찬 살얼음물 속을 헤어나려 몸부림쳤을 아이의 모습을 떠올리게 했다. 어떻게든 살리고 싶었던 아이. 무슨 말이라도 나눌 수 있는 시간이 아이와 나 사이에 있었더라면 하는 통한으로 내 가슴은 늘 고통스러웠으니까.

날마다 물을 주며 나무를 들여다보았다. 하지만 한 달이 다 돼 가도록 살아날 기미가 보이지 않았다. 이내 장마가 찾아와 연일 비를 퍼붓기 시작했다. 매일 비가 내려 화초에 물 줄 일도 없어지자 발길이 뜸해지기 시작했다. 심어 놓은 나무에 대한 생각도 점차 멀어져갔다.

장마가 끝나고 나니 이내 무더위가 찾아왔다. 비 온 뒤에 내리쬐는 땡볕은 화초뿐 아니라 잡초까지도 무성히 키우며 번져나갔다.

어느 날, 한동안 무심했던 화단의 잡초를 솎아내려 들어서는데 붉은 꽃송이가 언뜻 보였다. 무슨 꽃일까 싶어 다가가다가 나도 모르게 '어머나!' 하고 소리를 질렀다.

죽은 줄만 알았던 나뭇가지에 세 송이의 빨간 영산홍이 나를 보며 웃고 있지 않은가. 살아난 것만도 고마운데 꽃까지 피우다니. 나무는 알고 있었던 것일까, 떠난 아이를 살리고 싶었던 내 마음을. 그래서 더욱 나무가 살아나기를 바랐던 것을. 때아닌 팔월에 보답이라도 하듯 꽃을 피웠으니 아이의 영혼이 꽃이 되어 찾아온 것은 아닌지.

오래오래 같이 살 거라며 투박한 내 손안으로 작고 여린 제 손을 디밀던 아이. 아이가 뛰어놀던 너른 들판은 오늘도 변함없이 푸르건만 해맑은 웃음을 뿌리며 뛰놀던 아이는 어디로 갔을까.

아카시아 작은 이파리 하나가 동그라미를 그리며 내려와 내 어깨에 앉는다. 고개 들어보니 나무 우듬지에 텅 빈 까치집이 동그마니 얹혀있다. 어디로 떠난 것일까. 빈 까치집의 적막함처럼 늘 내 가슴을 그리움에 젖게 만드는 아이.

머지않아 나는 또 아이를 만나게 되리라. 때로는 바람이 되고 때로는 꽃이 되어, 아이는 늘 그렇듯 다른 모습으로 나를 찾아온다.

영산홍이 웃는다. 아이의 두 뺨을 물들이던 홍조를 떠올리게 하며 빨갛게 웃고 있다.

해후

윤달엔 무엇을 해도 탈이 없고 길하다 해 우리 집도 그동안 미뤄 왔던 시부모님의 묘를 합장해 드리기로 했던 날이다.

이참에 아주 비석도 세우자고 남편과 둘이 석재상을 찾아갔다. 주인은 출타 중이고 나이 지긋한 인부가 우리를 맞았다. 그의 안내로 너른 마당에 즐비하게 놓인 석재를 돌아보며 시부모님의 묘를 합장하는 김에 비석도 세우려고 한다고 하니 믿기지 않는 이야기를 들려준다.

일반적으로 부부 묘를 합장할 때는 중간에 조그만 터널을 뚫어 놓는다고 한다. 영혼이나마 서로 오갈 수 있도록 배려하는 마음에서 그리한다는 것이다. 그런데 터널을 안 뚫어 놓고 합장한 부부 묘도 면례(緬禮)할 때 파 보면 신기하게도 뚫려 있다고 말하였다. 그의 말이 정말일까 싶어 반신반의하면서도 몇십 년 세월을 떨어져 계신 시부모님을 생각하니 죄송한 마음이 들었다.

어머님 곁으로 모셔 오기 위해 아버님 묘소를 면례(緬禮)하러 떠나던 날 아침은 조용한 가운데서도 부산스러웠다. 연장은 전날 미리 챙겨 차에 실어 놓았으니 조반이 끝나는 대로 떠나기만 하면 되는 것을 새벽부터 일어나 마당을 쓰는 남편의 싸리비 소리에 잠이 깼다. 아침도 뜨는 둥 마는 둥 요기만 하고 이슬도 마르지 않은 길을 시동생과 시누이네, 모두 합해 열세 식구가 두 차에 나눠 타고 집을 나섰다.

전란 중에 행불자가 되신 아버님의 묘소엔 시신이 묻혀 있는 것도 아니고 위패만 모셔져 있기 때문에 중장비를 부를 필요가 없을 것 같다고 하여 남자들은 삽자루 하나씩을 둘러메고 비탈을 거슬러 올라가기 시작했다. 가파른 오르막길을 오를 때 위패만 있다 하여 그동안 잘 돌아보지 않은 자식을 원망이라도 하듯 억새와 가시풀이 앞을 막아서며 달려들었다. 바람이 몹시 차가웠다. 어린 손녀딸이 볼을 비비며 제 아빠 등에서 칭얼거렸다.

지난 장마에 오르던 길은 파헤쳐지고 무너져 내려 어디가 길이 있던 자리인지 분간이 가지 않았다. 남자들이 앞서 오르며 낫과 삽으로 길을 내면 그 뒤를 여자들이 따랐다. 한참을 오르니 그늘진 산자락에 아이 키만큼 자란 잡초 속에 아버님의 산소가 보였다. 우선 벌초부터 한 뒤 과일과 포를 놓고 술을 따라 예를 올린 뒤 봉분을 허물기 시작했다.

위패만 묻었으니 그리 깊지 않을 거라는 생각으로 다섯 남자가 교대를 하며 파 내려갔지만, 위패는 쉽사리 모습을 드러내지 않았다. 쌀쌀한 날씨임에도 남자들의 잔등이 땀으로 축축해져 가기 시작했다. 갖고 간 물이 바닥이 나고 어느새 두 시간을 훌쩍 넘기고 있었다. 모두가 지쳐 갈 무렵 남편의 삽자루에 무언가 부딪는 소리가 들렸다. 드디어 위패를 찾은 것이다. 어른 가슴팍 깊이 만큼에서 찾아낸 검은 돌을 바라보며 남편이 숨을 들이마셨다. 그때 비로소 나는 위패라는 것을 처음 보았다. 반들반들한 직사각형의 검은 돌에 아버님의 이름이 아주 정교한 글씨로 새겨져 있었다. 같이 묻었다던 한복은 이미 삭아져 없어지고 위패만 남아 오랜 세월 비바람에 땅속 깊이 가라앉아 있다가 모습을 드러낸 것이었다. 아버님을 대하듯 위패에 묻은 흙을 털어 내며 쓰다듬고 또 쓰다듬는 남편의 눈가에 물기가 어렸다.

전란의 와중에 남편을 잃고 서른셋 젊은 나이에 청상이 되어 살아오신 어머님의 눈물을 지켜보며 자랐으니 아버님에 대한 그리움이 얼마나 절절하였으랴. 위패에 묻은 흙을 모두 털어 낸 후 깨끗한 창호지에 싸서 안고는 어머님 묘소를 향해 출발했다. 쌀쌀하게 불던 바람은 어느새 잦아들고 따뜻한 오후의 햇살이 차창에 내려앉았다.

어머님 묘소에 도착하니 아버님을 반기는 어머님의 손길인 양 묘소 주변은 따뜻한 기운이 감돌았다. 남편이 아들을 제치고 어머님 묘 한쪽을 한자쯤 파고는 위패를 묻는데 숲에서 이름 모를 새가 울었다. 아버님 영혼이 어머님 곁으로 찾아오신 것은 아닐까 하는 생각에 나도 모르게 소리가 나는 쪽을 바라다보았다.

생이별하신 지 오십칠 년 만의 만남이었다.

이튿날, 두 분의 이름이 나란히 새겨진 비석을 세우며 제를 올릴 때 묘소 곁 잔디 위에 맺힌 이슬이 마치 어머님의 눈물인 양 또르르 흘러내렸다.

이제 두 분 사이에도 통로가 트이게 될까.

까마중

집 뒤 언덕에 모둠 지어 피어 있던 하얀 꽃이 열매를 맺었다. 작고 까만 열매가 조롱조롱 매달렸다. 어린 시절 동생들과 다투듯 따먹던 까마중이다. 몇 알 따서 입에 넣으니 시큼하고 달콤한 향기가 입안에 번진다. 곁에 섰던 손녀가 도리질을 한다. "그거 먹는 거 맞아요?" 하며.

아버지 장례를 치르던 날 공원묘원에 시신을 안장하고 돌아올 때였다. 저만치 밭둑이 바라다보이는 곳에 차가 잠시 멈췄을 때 갑자기 동생이 소리쳤다.

"어머 까마중이야!"

풀이 무성한 밭둑 한가운데에 까뭇까뭇한 작은 알갱이들이 수도 없이 매달려 있는 것이 보였다.

내 유년의 집은 길보다 낮아 마당이 훤히 내려다보이는 집이었다. 걸음마를 막 시작한 어린 동생은 코가 땅에 닿을 듯이 엉덩이를 빼고 비탈을 올라다니며 놀았고, 안방과 건넌방 사이에 아주 작은 나무 마루는 우리들이 묻혀 들여온 흙가루로 늘 서걱거렸다. 마루 뒤쪽 벽에 붙어있던 작은 창으로 고개를 내밀면 뒷집의 건넛방 창문이 비스듬히 건너다보였다. 딸만 다섯을 둔 그 집의 둘째 딸 명자는 나보다 한 살이 적었고 그 애 언니 민자는 나보다 한 살이 더 많았는데, 그들 두 자매 사이에 샌드위치처럼 나이가 끼어 있던 나는 늘 위치가 어정쩡했다. 나보다 한 살이 적었던 명자는 내 이름을 마구 불렀고 나보다 한 살 더 많던 그 애 언니는 내게 언니라 불러야 된다며 나를 윽박질렀다. 눈이 컸던 민자는 나보다 키가 훨씬 작았는데 이상하게도 나는 그 아이와 자주 싸웠다. 싸우다 엄마 손에 끌려 들어오면 분이 풀리지 않아 마루 뒤 창문을 내다보며 식식거리고 싸웠다. 그 아이가 퍼붓는 욕은 마치 옆에서 하는 것처럼 크게 들렸다.

아랫집은 더 낮았다. 마당에 서 있으면 아랫집 부엌이 훤히 들여다보였다. 아랫집 부엌 밑으로 흘러들던 하수관은 위쪽이 뻥 뚫려있어서 하수 흘러가는 게 다 들여다보였다. 장마만 졌다 하면 하수가 넘쳐 우리 집 마당은 내처럼 변하기 일쑤였고, 아버지 구두며 내 운동화, 동생들의 신발까지 둥둥 떠다녔다.

문을 해 달지 않아 뻥 뚫려있던 아랫집 부엌 창엔 거미가 자주 줄을 쳤다. 그 거미줄에 매달린 날벌레들이 사투를 벌이는 모양을 보고 있노라면 나도 모르게 어깨에 잔뜩 힘이 들어갔다. 거미가 창문에 빽빽하게 줄을 치고 나면 그 집 아줌마가 붉은 수수알갱이가 듬성듬성 매달려있는 수수 빗자루를 움켜쥐고 그것들을 사정없이 쓸어버렸다. 쓸어버린 거미들은 이따금 내 꿈속으로 찾아와 내 잠을 흔들었다.

마을 뒤쪽 비탈진 언덕에 공동변소가 들어선 것은 내 나이 열 살 때였다. 동쪽을 향해 문을 낸 마을 공동변소는 양철로 문을 해 달았는데 아침이면 햇살이 반사되어 눈이 부시도록 번쩍거렸다. 번쩍거리던 그 문은 일 년도 못 가 벌겋게 녹이 슬었고, 해를 거듭하면서 삭아 떨어져 나간 틈새로 수북이 쌓인 똥 덩어리들이 들여다보였다. 바람이 불거나 비가 오는 날이면 허리를 맞대듯 늘어서 있는 일곱 개의 낡은 변소에선 각기 다른 소리가 났다. 삐걱 삐거덕, 탈그락 털그락, 끼익 끼익, 타당쿵 타당, 투당 탕탕. 학교 가는 길은 그 길과 이어져 있어서 비가 오거나 바람이 심하게 부는 날이면 머리끝이 쭈뼛 서고 목이 자라처럼 움츠러들어 죽어라 달렸다.

머리 큰 계집아이를 외진 공동변소로 보내야 한다는 게 께름했던 아버지는 마당 한쪽에 커다란 드럼통을 땅을 파서 묻고 그 위에 널빤지 두 개를 얹어놓아 용변을 볼 수 있게 만들었는데 디딤판이 덜렁거려 나는 늘 마음이 조마조마했다. 비만 왔다 하면 마당으로 온통 물이 범람해 마루 밑까지 들어오는지라 드럼통을 위로 높이 빼서 만들었는데 디딤돌을 딛고 올라가야만 용변을 볼 수 있었다.

우리 집을 에두르고 있는 비탈엔 까마중이 무성했다. 까마중이 익으면 동생들과 다투듯 훑어 입안으로 디밀었다. 까마중 물은 잘빠지지가 않아 옷을 버려놓았다고 어머니가 지청구를 주시곤 했지만 뽑아 버릴 생각은 하지 않으셨다. 까마중이 다 없어질 때까지 우리는 곧잘 그 앞에서 어정거렸다.

함석지붕이 다닥다닥 붙어있던 골목길 한쪽 구멍가게엔 사과 궤짝을 뜯어 만든 야트막한 나무상자에 열십자로 가운데 경계를 만들어 신문지를 깔고 비과며, 눈깔사탕이며, 캐러멜 따위를 종류별로 구별해 놓고 팔았다. 그 가게 앞을 지날 때마다 나는 침을 삼켰다. 우리 남매의 주전부리는 늘 똑같았다. 누런 밀가루를 치대어 속에 팥앙금을 넣은 찐빵을 만들었는데, 엄마가 만든 찐빵은 가게에서 파는 것과 달리 식으면 곧 단단해져 맛이 덜했다.

열다섯 평도 채 안 되던 우리 집은 어른이 두 사람만 앉아도 꽉 찰 것 같은 좁은 마루를 사이에 두고 얼굴 하나 내밀 수 있을 만큼 작은 창이 있는 안방과 창이 없어 대낮에도 빛 하나 들지 않던 꽤 너른 건넛방, 그리고 불 때는 아궁이 위에 걸린 가마솥 하나와 양은 솥 한 개가 걸린 부엌이 전부였다. 그래도 마당은 꽤 넓었다. 아버지는 마당 한쪽에 창고를 짓고 일꾼 두서넛을 두고 자개 보석함 만드는 일을 하셨는데 나무를 켜 들여오면 며칠 동안 집안에서 나무 마르는 냄새가 났다. 나무 마르는 냄새, 옻칠 냄새, 아교 냄새, 내 유년시절은 그러한 냄새들로 범벅이 되어있다.

엄마는 내게 이삼 년에 한 번씩 동생을 안겨주었는데 그 탓에 우리 집은 늘 아기 울음소리가 떠나지 않았다. 아이들이 점점 많아지자 집이 좁아 이사를 해야겠다고 아버지가 말했다. 며칠 집을 보러 다니던 아버지가 고개 너머의 집을 계약했는데, 살던 집을 팔고 이사를 하는 것이 아니라 있던 집은 벽을 헐어 공장으로 쓰고 새집으로 가는 거라고 했다. 너른 집으로 간다는 말에 나는 기대를 했다.

"우리 큰딸 이사 가면 공부방 따로 줄게."

아버지가 약속했다.

마당이 들여다보이는 집과 우리는 인연이 깊었던 모양이다. 새로 이사 간 집 또한 이웃 마을로 넘어가는 돌계단과 근접해 있어서 고개에 올라 내려다보면 마당이 훤히 내려다보였다. 그 돌계단을 따라 층층이 들어선 나지막한 집들 사이로 무수히 많은 골목이 실타래처럼 이어져 있었고 그 돌계단 맨 아래쪽에 우리 집이 있었다. 이사한 집 뒤곁 장독대 곁에도 어디서 날아와 씨를 뿌렸는지 까마중이 무성했다.

이사 간 지 얼마 안 되어 아버지가 큰 개 한 마리를 끌고 오셨는데 개가 어찌나 큰지 집채만 했다. 시커먼 털로 뒤덮인 개 눈두덩에 하얀 동그라미 무늬 두 개가 냉큼 올라있었다.

동생이 고개를 갸우뚱거리며 개를 가리켰다.

"아부지 개가 눈이 네 개예요."

눈치를 챈 아버지가 허허 웃었다. 곁에 서 있던 남동생이 냉큼 받았다.

"아부지 저거, 저거 있으면 귀신도 본대요."

아버지가 또 한 번 허허 웃었다.

"허허허 그래 그렇다더라!"

귀신도 본다던 그 개가 이웃집 아이를 물은 것은 개를 산 지 한 달도 채 안 되어서였다. 늘 대문을 열어놓고 살았던 탓에 이웃집 아이가 마당으로 들어와도 알지 못했다. 아이가 제 발로 들어와 겁도 없이 개를 만지려다 물린 것이다. 깊지는 않아도 아이 팔목에 상처가 났으니 화가 난 아버지가 개를 마구 팼다. 때린 것이 아니라 팼다는 표현이 맞을 것이다. 개가 죽을 둥 살 둥 울어댔다. 매를 맞는 개가 불쌍해 동생과 엉엉 울었다. 그 이튿날 학교에서 돌아와 보니 개가 보이지 않았다. 개 줄만 고리에 을씨년스럽게 매달려 있었다. 을씨년스럽게 매달려 있던 개 고리와 함께 그해 여름이 그렇게 흘러갔다.

아버지의 연세가 칠순을 넘어서자 자리에 눕는 날이 늘어갔다. 엑스레이 사진을 들여다보던 의사가 고개를 갸웃했다. 위 사진이 온통 뿌옇기만 했다. 의사도 이런 일은 처음 본다며 고개를 저었다. 병명도 모른 채 퇴원해 반년을 병석에 더 누워계시다가 말 한마디 못 남기고 훌훌 떠난 아버지. 우리 아버진 참으로 생각이 많은 분이었다. 그러나 고루하거나 무언가 관습에 얽매이지 않은 자유로운 분이었다. 당신은 지극정성으로 불공을 드리던 불자

임에도 불구하고 자식들에겐 교회에 다니라고 하셨다. 입버릇처럼 '교회 다니는 게 제일 깨끗하니라.' 하셨다.

아버지는 진작 아셨던 것 같다. 우리는 끝도 시작도 알 수 없는 시공간에 잠시 머물다 떠나가는 한낱 티끌 같은 존재라는 것을. 아버지 권유대로 지금은 하나님을 믿으며 살고 있지만, 이따금 여행 중에 산사에 들리게 되면 잠깐이라도 경건한 마음으로 고개를 숙여 예를 올린다. 아버지 떠난 지 어언 십수 년, 아버지와 살던 내 유년의 집 뒤뜰에 지금도 그때처럼 까마중이 무성할까…….

피아노

아이가 피아노 학원에 입학하던 날, 불현듯 잊었던 기억 하나가 되살아났다.

지금은 중구로 명칭이 바뀐 서울 성동구 신당동이 내가 태어나 자란 고향이다. 금호동 넘어가는 고개가 저 멀리 올려다보이던 나지막한 언덕 끄트머리에 들어앉은 우리 집에선 온 동네가 다 내려다보였다.

의붓엄마(계모) 밑에서 눈칫밥을 먹으며 살고 있는 친구 영자네 집이 개울 건너에 있었고 조막손이 부끄러워 손을 늘 뒤로 감추던 반 친구 난호네 집이 길보다 낮은 축대 밑에 납작 엎드려 있었다. 사는 게 고만고만하던 집이 모여 살던 동네였다.

어린 내 걸음으로 서른 발짝쯤 돌층계를 내려서면 마을을 가로지르는 넓은 공터 곁에 아름드리나무가 울창한 일본식 기와집이 자리했다. 담이 높아 아무리 깡충 발을 뛰어도 안이 들여다보이지 않던 그 집은 담벼락이 꽤 길었다. 동네 아이들은 그 긴 담벼락을 끼고 나 있는 공터에서 줄넘기도 하고 고무줄놀이도 하며 놀았다. 햇볕 따뜻한 봄이면 동네 노인들이 담에 기대어 앉아 꾸벅꾸벅 졸기도 했다.

그 집에선 늘 피아노 소리가 흘러나왔다. 피아노 소리가 들릴 때마다 저런 집에서 사는 사람은 아마 대통령 친척쯤 될 거라고 나는 생각했다. 우연히 그 집에 들어가 볼 기회가 생겼는데 가지고 놀던 공이 담장을 넘어갔기 때문이었다. 차마 대문을 두드려 볼 용기가 나지 않아 문 앞에 서서 얼쩡거리자 사람의 기척을 눈치를 챈 개가 안에서 냅다 짖어대기 시작했다. 잠시 뒤 추레해 보이는 중년 여인이 대문 밖으로 고개를 내밀었다. 공이 넘어갔다는 내 말에 뒤로 한걸음 물러서더니 안으로 들어가 보라고 턱짓을 했다. 사납게 짖어대는 셰퍼드 곁을 지나 마당으로 들어섰는데 생각 외로 집이 낡고 누추했다. 마당은 꽤 넓었지만, 오랫동안 사람의 손을 타지 않은 듯 텅 빈 화단엔 잔돌이 굴러다니고 장독대 곁의 작은 돌무덤 가엔 잡초가 무성했다. 장독 사이로 날아간 공을 집어 막 일어서는데 활짝 열어 놓은 거실 안쪽에 한 여자아이가 피아노 앞에 돌아앉아 있는 것이 보였다. 아이는 내 발짝 소리를 들었을 법한데도 고개를 돌리지 않았다. 자세히 보니 등이 잔뜩 굽은 아이였다. 길고 치렁치렁한 머리 사이로 굽은 등이 비죽이 드러나 보였다. 긴 머리로도 감출 수 없었던 아이의 부끄러움. 보지 말아야 할 것을 본 것만 같아 공을 찾아들자마자 잽싸게 그 집을 빠져나왔다. 멈췄던 피아노 소리가 다시 들리기 시작했다.

때로는 불행하다고 생각했던 순간들이 실은 행복이었다는 걸 가끔 깨닫는다. 밖에서 보이는 것은 어쩌면 모두 허상일는지도 모른다. 우리가 닿고자 하는 행복에 대한 갈망이 때로는 그런 모순된 생각을 불러들이는 건 아닐는지.

그 소녀는 지금 어디서 어떻게 살고 있을까. 내 어린 날의 가슴을 아리게 하던 피아노 소리가 지금은 내 아이의 손끝에서 추억을 흔들고 있다.

떡 한입

덜컹거리는 문틈으로 바람이 든다고 팔순이 낼 모래인 누나가 울상을 지었다. 농사일밖에 모르는 아들은 못 하나 박을 줄 모른다고 푸념을 늘어놓았다. 늙은 누나의 푸념을 듣고 있던 칠순의 동생은 시간이 나는 대로 와서 고쳐줄 테니 걱정하지 말라며 누나를 다독였다.

영하권 날씨에 연일 칼바람이 불었다. 누나는 이제나저제나 동생이 찾아와 바람을 막아주길 기다렸고 동생은 누나가 살고 있는 산 너머 동네를 건너다보며 조바심을 쳤다. 바람의 기세가 조금은 누그러진 날 동생은 누나네 집을 찾아갔다. 휘어진 나무 문틀은 누나의 주름살만큼이나 완고해서 반나절을 수고한 뒤에야 고

집을 꺾고 제자리를 잡았다. 바람이 더는 들지 않는다고, 이젠 이불을 뒤집어쓰고 자지 않아도 좋다고 하던 누나가 며칠 뒤 동생을 다시 불렀다. 이번에는 또 무슨 일인가 하여 달려갔더니 쌀 한 자루를 내주며 떡이나 해먹으라고 했다. 자루를 열어보니 윤이 반들반들한 멥쌀이 한 가득하였다.

집으로 쌀자루를 가지고 온 동생은 아내한테 먼저 먹던 쌀을 다 먹기 전엔 쌀자루를 열지 말라 일렀다. 아내는 남편의 말을 따랐다. 입을 꼭 다문 쌀자루는 해가 들었다 나갔다 하는 자리에 앉아서 입이 열리길 기다렸다.

달포쯤 지났을 때였다. 쌀자루 위로 바구미 한 마리가 기어 다녔다. 아내가 놀라 쌀자루를 얼른 열어젖히니 바구미가 새카맣게 기어 다녔다. 아내가 다급한 목소리로 남편을 불렀다.

"여보, 여보 큰일 났어!"

불이라도 난 것처럼 호들갑을 떠는 아내 곁으로 잽싸게 달려온 남편 눈에 새카만 바구미떼가 보였다.

"얼른 마당에 돗자리를 깔고 쌀을 펼쳐놔!"

남편의 말에 아내가 고개를 갸웃거리며 중얼거렸다.

"쌀은 햇볕에 말리면 안 된다던데."

하지만 남편은 아내의 말을 무시하고 돗자리를 펴고 쌀을 쏟았다. 그리곤 손으로 좍좍 펴 널었다. 그렇게 쌀을 햇볕에 널었다 걷기를 며칠, 바구미가 사라졌다. 다시 자루에 쓸어 담긴 쌀은 햇볕이 들지 않는 곳으로 자리를 옮겼다. 어느새 먹던 쌀은 바닥을 드러내고 있었다. 아내는 시누이가 준 쌀자루를 열었다. 그 쌀로 밥을 안쳤다. 밥 냄새가 구수했다. 이내 밥상이 차려지고, 밥을 떠 입에 물고 우물거리던 남편이 수저를 탁 놓으며 오만상을 지었다.

"아니, 웬 싸라기밥이야?"

쌀을 햇볕에 널면 안 된다는 아내 말을 무시한 탓이었다. 따가운 햇볕에 바스러진 쌀은 밥을 지어 먹기엔 적당치가 앉았다. 새로 산 쌀에 삼분지 일쯤만 섞어도 밥알이 모래처럼 겉돌았다. 쌀자루를 발로 툭툭 치며 남편이 구시렁거렸다.

"에이 이거 떡이나 해먹어!"

아내는 걱정이 됐다. 닷 말이나 되는 쌀을 어떻게 다 떡을 해먹어 없애나! 윤기 자르르 흐르던 멥쌀은 다시 헛간으로 밀려난 신세가 됐다.

어느 날 아내의 여동생이 놀러 왔다. 아내는 남편 몰래 동생에게 싸라기 쌀 한 말을 퍼 담아 주며 떡이나 해먹으라고 인심을 썼다. 동생의 집으로 시집간 쌀은 먼저 사다 놓은 다른 쌀자루 옆에서 이제나저제나 떡이 되길 기다렸다. 농사짓는 시숙한테서 겨울을 날 때까지 먹으려고 사다 놓은 쌀이 두 자루나 있던 동생은 언니가 준 쌀을 거들떠보지 않았다. 그렇게 겨울이 지나가고 있던 어느 날, 입이 출출해 떡이나 해먹을까 하고 언니가 준 쌀자루를 열다가 동생은 털썩 주저앉았다. 따뜻한 아파트에서 바구미는 제 새끼를 불려가고 있었던 것이다. 쌀자루 안에 새카맣게 새끼를

친 바구미가 득시글했다.

"언니 이걸 어떻게 떡을 해먹어. 속이 다 팼을 텐데 버려야 되겠어!"

전화기 저쪽에서 들리는 동생의 짜증을 귓등으로 밀어내며 언니가 단호하게 말했다.

"버리면 안 돼, 다시 가져와."

제자리로 돌아온 쌀 한 말에 한 말을 더 섞어 물을 붓고 아내는 벅벅 씻었다. 속이 빈 허연 쌀이 둥둥 떠 하수구로 흘러내려 갔다. 다행히 속이 빈 쌀은 많지 않았다. 가래떡 한 말 뽑는데 삯이 일만 오천 원이었다. 두 말이니 합해 삼만 원이었다. 쌀값 방앗삯 합치면 육만 원이 넘는 계산이었다. 아내는 속이 쓰려 투덜거렸다. 투덜거리던 아내는 오래전 기억을 떠올렸다.

엄마 손에 이끌려 피란을 갔던 건 다섯 살 때였다. 갓난아기가 엄마 등에 매달려 있었다. 충북 어디쯤인가까지 밀려 내려갔는데 피란살이에 먹을 것이 없어 늘 배가 고팠다. 어느 날 엄마가 동생을 업고 나물을 캐러 나가고 방안에 혼자 앉아 있는데 판자 하나가 덜렁 놓인 방문 앞에 무언가 놓이는 기척이 느껴졌다. 살그머니 방문을 열고 내다보니 주인은 어디로 갔는지 보이지 않고 참기름을 반드르르하게 바른 가래떡이 든 함지가 덜렁 놓여있는 것이 아닌가. 앞뒤 돌아볼 새도 없이 그 큰 가래떡 한입을 뭉텅 잘라먹고는 방문을 닫고 숨을 죽였다. 한입이었다. 꼭 한입. 잠시 뒤 떡장수는 함지를 이고 사라졌고 그 기억은 늘 아내의 기억 속을 맴돌았다.

아내는 저녁내 이웃에 떡을 돌렸다. 한 말 떡이 금세 쑥 들어갔다.

남은 떡을 들여다보며 나는 중얼거렸다.

"훔쳐 먹은 떡값 했으니 그 아줌마도 날 용서하겠지."

내 가슴에 옹이가 되어

차가 다니는 큰길과 등을 돌리고 앉아있는 우리 마을은 낮은 산자락 밑에 자리하고 있어서 동네 밖으로 나가려면 언덕을 넘어가야만 한다. 외부와 통하는 단 하나뿐인 이 길은 도로 폭이 좁아 들고나는 차가 마주치기라도 하면 애를 먹는다. 언덕 아래까지 불안한 후진을 하였다가 올라와야만 하기 때문이다.

한때, 나는 이 길을 사랑했었다. 주말이면 손자와 언덕에 올라 아이를 보러 먼 길을 달려오는 아들 내외를 기다리곤 했다. 그때는 기다림조차도 행복했었다. 선물을 한아름 사 들고 올 제 엄마 아빠 생각에 아이는 언덕을 오르락내리락하며 신바람이 났었고 그런 아이를 바라보며 덩달아 나도 즐거워지곤 했다.

길섶에 자리한 군부대 울타리에서 까치라도 울어대면 행여 좋은 소식이라도 가지고 오는 건 아닐까 하는 기대를 가져보기도 했다.

언덕에는 등이 잔뜩 굽은 소나무 한 그루가 서 있는데 여름이면 그 넓은 팔로 그늘을 만들어주곤 했다. 기다리다 지치면 아이는 소나무 그늘에 털썩 주저앉아 칭얼거렸다. 그러다가도 저만치에서 저를 부르는 엄마의 목소리가 들려오면 한달음에 달려가 목을 끌어안으며 얼굴을 비비곤 했다.

엄마 아빠의 손에 매달려 아이가 언덕을 오르면 어느덧 늙은 소나무도 그림자를 비끼고 언덕을 넘어가는 우리를 지켜보았다.

세월이 흐른 어느 날 보니 늙은 소나무의 잔가지들이 몽땅 잘려 볼품없는 모양새가 되어 있었다. 나무 곁의 밭 임자가 그늘이 진다고 가지를 제멋대로 잘라놓아서 키만 멀쑥해진 소나무는 더 이상 그늘을 만들 수가 없이 돼버린 것이다.

잘린 가지처럼 어느 날 아이가 홀연히 내 곁을 떠나갔다. 찬바람 부는 이월의 어느 날 마을 웅덩이에서 주검이 돼서 돌아온 것이다. 아이는 소나무의 옹이처럼 내 가슴에 고통으로 박혀있게 되었다. 언덕을 오를 때면 아이의 음성이 들리는 것만 같다. 어디서 집을 못 찾아 헤매고 있는 것일까. 나지막이 아이를 불러본다. 달려오는 건 바람 소리뿐, 기다림이 멀어진 언덕엔 그리움만 내려앉는다.

언덕이 머지않아 달라진다고 한다. 높이도 낮아지고 협소했던 도로 폭도 배나 넓어져서 마주치는 차가 기다렸다 올라와야 하는 번거로움도 없어질 거라고 하니, 눈 쌓인 겨울날 오르기 힘들어 붕붕 대던 차 소리도 사라질 것이다. 그런데 내 마음은 왜 이리 즐겁지 아니한가. 잊고 싶으면서도 잊히지 않는 슬픈 추억들이 한가닥 연줄처럼 내 마음을 붙들고 있다.

가을이 깊어간다. 흔적이 지워질 언덕처럼 세월 앞에 조금씩 희석 돼 가는 그리움들이 아이한테 못내 미안하기만 한데 소나무는 오늘도 누군가를 기다리듯 머쓱한 모습으로 언덕을 굽어보고 있다.

기념일

“메밀국수나 먹고 올까? 평창 가서, 바람도 쐴 겸.”

백수 남편의 얄팍한 주머니 사정을 잘 알기에 말없이 따라나섰다.

주중의 도로는 한산하다. 어쩌다 마주 오는 차량 두어 대. 고속도로는 왠지 정이 안 간다. 이따금 차를 세우고 둘러볼 수도 없는 삭막함이 싫어서 국도를 탔다. 6번 국도. 양평읍을 벗어나 단월을 거쳐 청운면으로 들어섰다. 이내 용두리 휴게소가 나오고 양평의 끝자락인 갈운리 방향으로 접어들었다. 차창 너머로 올려다본 하늘이 온통 희뿌옇다.

“날이 흐린 거예요. 안개가 낀 거예요?”

"안개가 낀 거지."

몇 십 년을 살 비비며 살아왔건만 우리의 대화는 만날 싱겁다.

두 시간쯤 달려 올라선 태기산 정상엔 오늘도 변함없이 풍력발전기가 돌고 있다. 바람만 넘나들던 정상에 어느 틈엔가 발 빠른 장사꾼이 터를 잡고 앉았다. 전선을 감았던 커다란 나무바퀴를 곧추 앉혀 탁자를 만들었는데 얼기설기 엮어 멋을 낸 둘레가 이색적이다.

"여보 저거 봐, 특이하지."

"음 나도 봤어."

출출하다. 메뉴를 훑었다.

도토리묵, 감자 부침, 그리고 또 뭐가 있지? 그냥 돌아 나왔다. 화장기 하나 없는 무표정한 얼굴, 불그죽죽한 셔츠 위로 내려앉던 우울한 그림자에 등 떠밀려 우리는 다시 차에 올랐다. 멀리 휘닉스파크가 건너다보인다. 오래전, 남편이 몸담았던 회사에서 공사에 참여했던 곳인데, 사원들 독려하느라 참 몸살 나게도 이곳을 들락거렸다. 남편을 힐끗 쳐다보았지만 무덤덤하다.

육촌시동생이 사는 횡성군 현리에 잠시 차를 세웠다. 4월에 모를 나누어 주던 양상추가 아직도 있을까? 하우스 안을 들여다보니 온통 토마토뿐이다. 집을 찾아들어 가기엔 아무런 준비도 없이 떠난 상태다. 아이들도 있는데 어떻게 맨손으로 가! 남편의 채근에 주위를 둘러보니 가게가 하나도 보이지 않는다. 그냥 가자! 찾아온 흔적을 지우려 재빨리 자리를 떴다.

한참을 더 달려 도착한 평창. 식당 물레방아로 들어섰다. 이따금 찾아오는 단골집이지만 가물에 콩 나듯 찾아오는 단골손님을 알기나 하겠는가.

"오늘은 내가 거금 좀 쓸게."

아내의 농담에 남편이 빙긋이 웃는다. 식당은 여전하다. 출입구 한쪽에 진열해 놓은 판매용 메밀가루며 봉지에 둘둘 말아 쌓아 놓은 메밀국수, 그 옆 카운터에 서 있는 나이 지긋한 아줌마의 미소까지도. 한쪽 벽을 다 차지한 유리창 너머로 끝도 아른한 메밀밭이 눈길을 사로잡는다. 해마다 여는 축제를 의식해 관광용으로 세운 외양간이 그 밭 한쪽에 텅 빈 채 서 있다.

"아줌마 수육 한 접시하고요. 비빔으로 둘 주세요!"

찬으로 딸려온 열무김치가 정말 맛있다. 수육에 얹어 먹으니 그냥 넘어간다. 시끌벅적한 소리로 식당은 가득 차고, 유리창에 매달아 놓은 갈대발이 냉풍기 바람에 흔들흔들한다. 갈대발 사이로 보이는 마당 가득 차가 빽빽하다.

주문한 음식을 배가 빵빵하도록 먹고 이효석 문학관에 들렀다. 문학관 오르는 길이 비탈져 조금 숨이 찼다. 남편의 팔에 얼른 매달리는데 맞은편에서 젊은 남녀가 걸어 내려온다. 그들의 시선에 왠지 멋쩍어 잡은 팔을 슬며시 내려놓았다.

문학관 내부는 전에도 여러 차례 관람했었기에 쉬었다 나가자고 문학관 뒤쪽으로 돌아갔다. 바람이 솔솔 드는 정자가 한가로이 앉아 있다. 나무로 된 의자가 빙 둘러 놓여있다. 내가 먼저 의자에 길게 발을 뻗고 앉았다.

식곤증이 오는지 남편이 눈을 떴다 감았다 한다.

“한잠 자고 가요.”

내 말을 기다렸다는 듯 남편이 의자에 길게 눕는다. 어디선가 바람이 자꾸 불어 왔다. 그 바람을 자장가 삼아 낮게, 아주 낮게 코를 고는 남편을 바라보다 문득 가난한 연인들이라는 영화의 제목이 떠올랐다. 우리도 한때는 연인이라 불렸던 적이 있었는데. 세월이 어느새 우리를 노년의 대열에 합류를 시켰는가. 옛 추억을 떠올리니 콧등이 시큰하다.

정자 저 아래 너른 메밀밭이랑 가득 햇살이 눈부시다. 열기를 식히기라도 하듯 정자 지붕에 걸쳐져 있는 나뭇가지가 쓰적쓰적 소리를 낸다.

어느새 잠이 들었던 것일까. 문득 눈을 떠보니 남편이 나를 지켜보고 있다. 젊은 남녀가 정자 밖에서 안을 흘끔거리며 주저하는 눈치에 남편이 나를 일으켜 세운다.

온 길을 되짚어가면 집에 당도할 수 있는 것처럼, 우리의 청춘도 되돌아갈 수 있다면 오죽 좋을까. 어느새 해가 이울기 시작한다. 우리의 결혼기념일을 축복하듯 집을 향해 달리는 차창 너머에서 바람이 자꾸 따라붙었다.

거짓말

외등이 졸고 있는 좁은 골목길에서 어머니는 목을 길게 늘이고 아들을 기다렸다. 이제 곧 통금을 알리는 사이렌이 울릴 테고 야경꾼이 딱딱이를 치며 마을을 돌 시간인데 아들은 어디서 무얼 하기에 이리 늦어지는 것일까. 사람의 기척이 끊어진 골목길에 우두커니 서서 자식을 기다리는 어머니는 애가 달아 입이 바짝바짝 타들어 갔다. 한참을 서성대다 체념하고 돌아서려는데 귀에 익은 발걸음 소리가 들려왔다.

가로등 밑에 망연히 서 있는 어머니를 발견한 아들이 잰걸음으로 다가왔다.

"뭐하러 나와서 기다려요, 기다리기를."

아들의 입에선 술 냄새가 풀풀 났다. 평소 술을 좋아하지 않던 아들인데, 순간 어머니의 가슴이 철렁 내려앉았다. 무슨 일이 있었느냐며 걱정스레 물었다. 하지만 아들은 고개를 숙인 채 대답하지 않았다. 심상치 않은 기색을 느낀 어머니가 아들에게 재우쳐 물었다.

"너 분명 무슨 일 있었지? 그렇지?"

어머니의 채근에 아들이 마지못한 듯 입을 열었다.

"실은 요."

"응, 실은 뭐?"

"실은, 월, 월급을."

"월급을?"

"네…… 소매치기당했어요."

아들이 앞섶을 열어 안주머니를 보여주는 순간 어머니는 '어맛!' 소리를 질렀다. 면도칼로 예리하게 찢겨 주머니가 너덜거렸다. 어머니는 두 다리가 휘청거렸다. 학수고대하며 기다리던 아들의 월급날이었다.

"다친 데는 없니?"

걱정스레 묻는 노모의 부드러운 목소리에 아들은 슬며시 한숨을 내려놓았다.

그 일이 있은 지 보름 후. 어머니가 장독 틈바구니에서 찾아낸 건 시커멓게 곰팡이가 슨 광목 한 뭉치였다. 두서없이 둘둘 말아 장독 사이에 처박아놓은 그 덩어리는 물에 푹 젖은 데다가 달라붙어 있어서 풀기도 힘이 들었다. 얼마 만에야 제 모습을 드러낸 덩어리의 실체는 아주 커다란 광목 천막이었다. 어찌나 곰팡이가 슬었는지 곰팡내가 진동했다.

"아니 이걸 누가 여기다 처박아 놓았을까. 쯧쯧, 새 천인데 온통 곰팡이가 슬었네! 아까워라."

퇴근하여 돌아온 아들을 붙들고 어머니는 그것이 왜 그곳에 놓여있는지 물었다. 하지만 아들은 고개를 저었다. 대답할 수가 없었던 것이다. 아들은 분명 알고 있는 눈치였다. 대답을 듣지 못한 어머니는 다음날 아들의 친구를 찾아갔다. 아들의 친구는 연이은 다그침에 어쩔 수 없이 실토를 하고 말았다.

6~70년대 까지만 해도 등산 인구는 그리 많지 않았다. 등산 용구 또한 군부대 PX에서 흘러나온 것이 대부분으로 남대문 시장이나 방산시장 같은 곳에나 가야 만날 수가 있었다. 산타기를 좋아했던 아들은 주말이면 친구들과 등산 다니는 것이 그즈음의 낙이었는데 산에서 밤을 지낼 경우 이슬이라도 막아줄 텐트가 필요했다. 하지만 시장에서 파는 군용텐트는 구하기도 쉽지 않았을 뿐더러 친구들과 어울려 눕기엔 좁고 불편했다. 그래서 생각해 낸 것이 천막을 직접 만들어야겠다는 생각이었다. 동대문시장 포목점에서 광목을 필로 끊어다가 수선집에 부탁하여 천막을 만들었다. 하지만 말을 타고나니 경마 잡히고 싶더라고, 암벽 오를 때 필요한 자일도 좀 더 긴 것으로 장만하고 싶었고 구형 버너도 성능 좋은 신형으로 바꾸고 싶었다. 이왕 마련하는 김에 겨울 등산에

필수품인 아이젠도 마련하고 스틱도 새로 마련했다. 그래서 이것저것 샀는데 월급봉투가 바닥이 난 것이다. 생각 없이 쓰고 나니 집에서 기다릴 홀어머니가 걱정됐다. 그래서 궁리해 낸 것이 월급봉투 소매치기 사건이었다. 맨정신으로는 도저히 어머니 얼굴을 대할 용기가 나지 않아 못 먹는 술까지 마시고 왔는데, 아들을 철석같이 믿었던 어머니는 다치지 않은 것만도 다행이라며 아들을 위로까지 했다.

거짓말이 들통 난 건 비 때문이었다. 한밤중에 산에서 비를 만났으니 어찌해볼 도리가 없었다. 방수처리가 전혀 안 된 광목천은 밤새도록 비에 흠뻑 젖어 물이 줄줄 흘러내렸다. 집으로 돌아와 햇볕에 펴서 말렸더라면 괜찮았을 것을, 장독 사이에 숨겨놓았으니 한여름 땡볕에 비 맞은 텐트가 곰팡이를 배양시켰고 결국은 어머니의 눈에 들통이 난 것이다. 철없는 아들의 행동에 화가 치민 어머니는 아들의 종아리가 시퍼레지도록 매를 들었다. 매를 맞아야 하는 첫 번째 이유가 노모를 속인 죄였으면 두 번째는 너도나도 살기 어려워 허리띠를 졸라매는 힘든 시기에 아까운 광목을 곰팡이를 슬게 하여 내버린 죄였고 그 세 번째가 자신의 잘못된 행동에 친구까지 동참시킨 죄였다.

그 후 두 번 다시 어머니를 속이지 않았노라 큰소리치는 남편의 말이 사실인지 거짓인지 확인할 길이 없지만 지금도 장마철만 돌아오면 그때의 일을 떠올리며 허허 웃는다.

행복한 사람

한동안 소식이 뜸했던 후배 문인한테서 전화가 왔다. 선배님이 수필집을 출판했건만 축하를 못 해드려 미안하다며 점심을 한턱 내겠단다. 전화기 저쪽에서 내 모습이 보이기야 하련만 뜻밖의 전화에 당황이 되어 손사래까지 치며 거절하였다. 모임 자리에서 만나면 인사나 나누던 평범한 관계로 그리 살가운 사이도 아니었기 때문이다. 그런데도 막무가내로 약속을 하잔다. 그녀의 마음 씀씀이 고맙기는 하였지만, 내가 무슨 대단한 사람도 아니고, 다소 부담스럽기도 하여 "마음만 받을게요." 하니, 이미 예약을 해 놓았다며 날짜와 시간을 일러준다.

약속한 날이 다가와 약속 장소인 H 뷔페로 나갔다. 안으로 들어서며 보니 드넓은 뷔페에 수많은 손님으로 복작거린다. 진열대마다 요리사가 서서 즉석에서 음식을 만들어 선을 보이는데 회 뷔페로는 처음 생긴 곳이라고 한다.

현란한 색채와 모양의 해물 요리에 그야말로 눈이 화등잔만 해져서 놀라움을 감추지 못하고 있는데 그녀가 슬그머니 소매를 잡아끌었다.

오후 3시까지만 할인하여 낮 손님을 받는다는데 진귀한 음식들로 간만에 포식을 하고 오후 타임이 가까워져 올 때까지 화기애애한 대화를 나누었다. 인심은 광에서 나고 정은 나눔에서 나온다고 했던가. 음식을 먹으며 어색했던 감정은 그녀의 웃음소리에 봄눈 녹듯 사라지고 어느새 우리는 오랜 지기처럼 격의 없는 사이가 되었다. 식사가 끝나갈 즈음해서 그녀가 슬며시 포장지에 싼 조그만 상자를 내 앞으로 밀었다. 선물이란다. 식사 초대에 포식까지 했는데 선물이라니? 그녀의 동의를 얻어 즉석에서 포장지를 뜯어보니 고가의 화장품이었다. 순간 가슴이 먹먹했다. 가족이 아닌 남이 나를 염두에 두어왔다는 사실에 감동이 밀려왔다.

돌아오는 전철 안에서 사람과 사람의 관계에 대해 생각해보았다. 나도 그녀처럼 누군가를 염두에 두고 무언가를 건네 본 적이 있었던가. 그녀를 통해 나를 돌아다보는 계기가 됐다.

베풂이란 마음에서 우러나와야 하는 것이기에 받는 이의 마음 또한 행복해지는 것이리라. 마음과 선물을 동시에 받았으니 나는 행복한 사람임이 틀림없다.

장마

비가 억수같이 쏟아지던 날, 스물두 명의 사내들이 우리 집으로 몰려들었다. 지나간 한때 같은 직장, 같은 부서에서 근무했던 남편의 옛 직장 동료들이다. 벌써 삼십 년이나 지났건만 그때의 인연을 소중히 여겨 지금까지도 모임을 가진다.

그들이 오기로 한 날, 남편은 새벽부터 일어나 집 안팎을 치우느라 부산을 떨었다. 날씨도 무더운 데다가 개도 안 걸린다는 여름 감기에 걸려있던 나는 모든 게 귀찮기만 했다. 그러나 아내 건강 따위는 안중에도 없고 남편은 마냥 신바람이 나 있었다.

성화가 시작된 건 며칠 전부터였다. 채소는 미리 씻어 놔야 된다느니, 멍멍탕 안 먹는 사람도 있으니 소고기라도 몇 근 사다 재

놓아야 한다느니, 하루 묵어들 갈 거니까 밤에 먹을 참으로 잡채도 하고 떡도 좀 준비하라느니. 이 외진 시골까지 누가 찾아와 준다는 게 반갑고 고마운 일이긴 하지만 때를 잘못 택했지 하필 이 더운 장마철에. 내 체력으로는 감당하기가 벅차니 도우미 아줌마라도 부를 것을, 빗물에 젖은 바짓가랑이가 자꾸 종아리에 달라붙으며 심사를 긁어댔다.

가마솥에 장작을 지피던 남편이 핸드폰을 들여다보았다.

"여보, 벌써 온 사람이 있다네. 터미널로 나가봐야 돼. 여기 이 솥에 물이 끓으면 불을 얼른 꺼 알았지?" 가뜩이나 마음이 편치 않은데 읍내 터미널까지 모시러 가야 한단다. 아니 그 사람은 자가용도 안 가지고 다니나?

"길이 막힐까 봐 차를 안 끌고 왔다는구먼."

내 눈치를 살피던 남편이 중얼거렸다. 반응이 시원치 않아 보였는지 남편이 다시 확인 사살을 날렸다.

"여보오!"

"알았다고요!"

대답을 듣자마자 차를 끌고 쏜살같이 달려 나간다. 커다란 양은솥과 시커먼 가마솥이 나란히 앉아 있는 부뚜막에서 김이 나기 시작했다.

손님들이 온다는 건 열흘 전부터 얘기했던 일이었다. 하지만 날씨도 무더운 데다가 비까지 퍼부어대니 대통령 아니라 대통령 할아버지가 온대도 나는 반갑지가 않았다.

남편이 나간 지 십 분쯤 지나 양은솥에서 물 끓는 소리가 나기 시작했다.

"한번 우르르 끓으면 건져서 가마솥으로 옮겨야 돼!"

남편이 던지고 나간 말을 상기하며 양은솥의 가스 불을 껐다. 장작을 지핀 가마솥 뚜껑 틈새로 김이 모락모락 피어오르는 것이 보였다. 애벌 끓이기를 마친 양은솥의 고기를 삼지창으로 찍어 가마솥으로 옮기는데 목덜미로 땀이 주르르 흘렀다. 얼마 후 모여든 손님들의 머릿수를 헤아려 보니 스물두 명이나 됐다.

"당신 혼자 힘들다고 Y하고 K가 안식구 데리고 온다고 했어."

남편이 하던 말은 나를 다독이기 위한 회유책이었을까, 하나같이 혼자 온 남자들뿐이었다. 남편의 허리를 쿡 찔렀다.

"아니 Y 씨랑 K 씨, 부부가 같이 온다고 하지 않았어요?"

남편 들으라고 슬며시 말했건만 Y 씨는 참 귀도 밝다. 어느 틈에 뒤에 와서

"그 사람 허리가 아파서 일 못 해요."

한다.

나는 그만 머쓱해 '네에' 하고 말았다. 눈치가 보이는지 남편이 얼른 등을 보이고 돌아섰다. 허리가 아파 일을 못 한다고? 허리 아프다는 사람이 동생 식당일을 어떻게 거들러 다녀? 뾰족해지는 심사를 다스리려 나는 헛기침을 자꾸 했다. 열다섯 평 너른 홀이 스물두 명의 사내들로 꽉 찼다. 여자는 나 혼자다. 이리 뛰고 저리 뛰고, 우스갯말로 향단이 널뛰듯 안채로, 홀로 왔다 갔다 하며 상

을 차렸다. 비가 더욱 거세지기 시작했다. 고기 서른일곱 근이 사내들의 뱃속으로 사라져 가고 걸쭉한 입담들이 빗소리에 젖어든다. 밤이 이슥하도록 사내들의 술타령은 끝이 나지 않았다. 소주 한 박스와 맥주 두 짝이 비워진 뒤에야 얽히고설키며 잠이 들었다. 어둠이 비에 젖어들고 있었다.

이른 새벽에 남편이 슬며시 내 어깨를 흔들었다.

"육개장 좀 끓여."

"어제 남은 거 먹는다고 아무것도 하지 말라던데요?"

"아냐, 보신탕 안 먹는 사람도 있어서 끓여야 돼."

미리 준비해 두었던 것들을 주섬주섬 꺼내어 밥을 안치고 육개장을 끓여 내놓으니 얼큰한 육개장 한 통이 금방 동났다. 아침을 먹었으니 돌아들 가겠지. 하지만 손님들 발길을 붙들 심사인지 줄기차게 비가 퍼부어댔다. 연방 밖을 내다보던 사람들이 도로 주저앉더니 담요를 펴고 화투를 꺼내 놓았다. 비 그치길 기다리는 사내들을 보며 나는 어쩔 수 없이 점심 준비를 시작했다. 밥이 다 되어갈 무렵 빗발이 약해지기 시작했다. 애호박 썰어 넣고 끓인 된장찌개가 금방 동났다. 그렇게 점심도 끝이 났는데 주춤하던 비가 다시 퍼붓기 시작하자 떠나길 주저하는 눈치였다. 그들을 보며 남편이 한마디 했다.

"아주 하루 더 묵어들 가지."

아내야 죽든 말든 이다. 지켜보던 내가 입꼬리에 웃음을 걸고 슬며시 주사위를 던졌다.

"이제 나올 것도 없으니 얼른들 가세요."

그러자 그들이 이구동성으로 맞받았다.

"아, 형님은 하루 더 묵어가라는데요?"

차 일곱 대가 빠져나간 마당 가득 억수 같은 비가 내린다. 너무도 기진해 빗물 위에라도 벌렁 드러눕고 싶다.

다 늦은 저녁에 전화벨이 울렸다.

"형수님 오늘 고생 많으셨어요."

전화기 저쪽에서 들려오는 한 마디 위로에 '삼 년간 집에 손님이 들지 않으면 그 집은 망한 집이란다.' 인간관계를 소중히 여기셨던 그 옛날 할머니 말씀 되새기며 나를 다독인 하루였다.

궁리

식혜를 유난히 좋아하는 남편 때문에 명절이면 제일 먼저 하는 것이 식혜 만드는 일이다. 식구가 많지 않아 차례 음식도 간소하게 하는 편인데 식혜만큼은 많이 하게 된다. 올 추석도 예외는 아니어서, 금방 먹을 것과 두고 먹을 것을 따로 담아 냉동고와 냉장고에 각기 나누어 넣었다. 추석 바로 전날, 송편을 빚고 있는데 거실에서 텔레비전을 보고 있던 남편이 "뭐 시원한 것 좀 없나?" 하며 주방을 건너다보았다. 맞춤하게 식었을 식혜를 냉장고에서 꺼내 싱크대에 올려놓고 그릇을 집으려는 순간 식혜 통이 미끄러지면서 주방이 물 천지가 되고 말았다. 졸지에 발생한 일이었다. 놀라 들여다보던 남편의 표정이 묘하게 일그러졌다. 또 무슨 소리가 튀어나오려나, 가슴이 콩닥질을 치는데 전봇대처럼 주방 문을 가로 막고 서서 지켜만 본다. 어찌할 줄 몰라 하는 엄마가 안 돼 보였는지 아들도 며느리도 걸레를 들고 쏟아진 식혜를 닦아내느라 여념이 없다.

설탕이 가미된 식혜는 닦아도, 닦아도 발밑에서 끈적거렸다. 뒤통수가 근질거렸지만 차마 남편을 바라볼 용기가 나지 않아 열심히 걸레질만 해댔다. 그런 엄마가 측은해 보였는지 아들이 한마디 거들었다.

"그럴 수도 있지요. 뭐! 실수 안 하고 사는 사람 있나요. 뭐!"

뭐란 말을 두 번씩이나 하는 건 분명 제 아버지 들으라고 하는 소리이건만 남편은 입을 꾹 다문 채였다. 어이가 없는 모양이었다. 한 모금 마셔보지도 못하고 송두리째 엎었으니 기가 막힐 노릇이겠지. 식혜 통을 보니 금이 쫙, 가 있었다. 말뚝처럼 서 있던 남편이 밖으로 휭허케 나갔다. 말 한마디도 하지 않은 건 아마 며느리 앞에서 시어머니 타박 주기가 민망했을 것이다. 성격이 솔직한 남편 때문에 나는 이따금 상처를 입는다. 언젠가 자동차 검사소에 갔을 때였다. 이것저것 손보고 고치고 나니 돈이 적잖이 들어갔다. 갖고 간 돈이 얼마 되지 않아 카드를 쓰려는데 카드가 어디에 꽂혔는지 얼른 눈에 띄지 않았다. 지켜보던 남편이 화를 버럭 냈다.

"당신 하는 일은 만날 그 모양이야! 뭐 하나 제대로 하는 일이 없어."

안 보이던 카드가 그 순간 눈에 띄었다. 무사히 수리비를 치르고 나왔지만, 남편이 곱게 보일 리가 없었다. 어떻게 하면 이 남자의 못된 습성을 고칠까 궁리를 하다가 드디어 화살을 날렸다.

"당신 그 사람이 누구 욕할 것 같아요? 나를 욕할 것 같아요, 당신을 욕할 것 같아요? 찬찬히 찾아봐! 하고 부드럽게 말하면 뭐가 덧나요? 아마 그 아가씨 당신 뒤통수에다 대고 그렇게 말했을 거야, 에구 저런 남자 만날까 겁난다."

그런데 남편의 이죽거리는 소리만 섭섭했지, 정작 나 자신도 그런다는 걸 생각 못 했다. 이제 열두 살 먹은 손녀딸은 영락없는 요조숙녀다. 무릎 위로 올라가는 치마는 한사코 안 입으려 하고 어깨가 드러나는 짧은 소매 옷도 싫다고 도리질하는, 천생 계집아이다. 가끔 내가 없을 땐 쌀도 씻어 안쳐 밥도 할 줄 아니 요즘 아이들하고는 어딘가 다르다. 그렇게 참한 아이가 물컵이나 음료수 병을 주방에서 들고나와 마시고는 제자리에 갖다놓는 법이 별로 없다. 과일 접시도 먹은 자리에 그대로고 내용물 다 빼먹고 난 과자 봉지도 그대로다. 둔 자리가 제자리요 앉은 자리가 제자리다. 그래서 늘 한마디 듣곤 한다. "이담에 누가 널 데려갈는지 속깨나 썩겠다. 무슨 계집애가 뒷손질이 그렇게 없느냐?" 하면 "만날 그 소리." 하면서 입을 비죽 빼문다. 무심코 하는 소리지만 듣기 싫은 건 아이나 어른이나 마찬가지다. 이참에 한 가지 꾀를 내기로 했다.

"자, 이제부터 자기가 저지레 한 건 자기가 치우기다. 만약 이를 어기면 용돈에서 오백 원씩 깎을 거다."

어쩌다 주는 천 원, 이천 원 용돈을 모아 만삼천 원짜리 보석함을 사서 제 동생 생일선물로 준 알뜰한 아이다. 내가 던진 한마디에 "오백 원씩이나?" 하면서 눈을 동그랗게 뜨고 쳐다본다.

아이의 버릇이 고쳐질 수 있을까? 만약 방법이 효과를 본다면 이참에 남편의 용돈 깎을 궁리도 해봐야겠다.

3급 건망증

정도의 차이는 있겠지만, 사람마다 건망증은 있다. 그런데 나는 조금 심한 편에 속한다. 세수하려고 금방 벗어놓은 안경을 찾느라고 온 집안을 뒤지지를 않나, 하던 일을 잠시 멈추고 다른 볼일을 보다 보면 조금 전에 하던 일을 잊어버리고 엉뚱한 일을 하고 있지를 않나, 칼을 손에 들고 찾느라 온 주방을 헤매지를 않나, 업은 아기 삼 년 찾는다는 속담이 마치 나를 두고 하는 말 같다.

주부이다 보니 살림에 쓸 자잘한 것들을 사들일 일이 가끔 발생하는데 시장 갈 때 꼭 사와야지 하고 마음에 품어두었다가도 정작 장에 가서는 깜박 잊고 돌아와 아차! 하기가 다반사이다. 이런 자신을 알기에 요즘은 쪽지에 꼭꼭 적바림해두었다가 들고 나간다. 그런데 이번엔 또 적바림한 쪽지를 생각 없이 호주머니에 구겨 넣고는 시장바닥에 쪼그리고 앉아 엉뚱한 손가방을 뒤지며 찾느라고 법석이다.

모 사이트에 들어가 보니 건망증에도 급수가 있단다.

초기증상은 냉장고 문을 열고 뭘 꺼내려고 했는지 한참을 생각하다가 고기를 꺼낸 뒤 냉장고 문을 닫는 것으로 되어있다. 그런데 중기로 가면 엉뚱한 장롱문을 열고 옷을 꺼내 입은 뒤 정육점에 가서 고기를 사 온단다. 물론 집에 고기를 놔두고 말이다.

말기로 가면 그 증상이 더욱 심하다. 냉장고가 어디 있는지 찾아다닌단다. 말기 증상은 치매에 가깝다. 나는 아직 초기증상에 속하는 편이니 스스로 위안을 가져보지만 언제 중기, 말기로 진행이 될지 마음 놓을 일이 아니라서 은근히 걱정이 된다. 물건도 늘 두던 곳에 두어야지, 정리한답시고 다른 곳으로 옮겨놓으면 몇 날 며칠을 찾다 지칠 때쯤 되어서야 발견이 되곤 하니 나의 건망증을 급수로 따진다면 3급쯤 되지 않을까. 나 같은 사람이 의외로 많은가 보다. 건망증 다이어리가 유행이란다. 내가 생각했던 것보다 훨씬 많은 사람이 이 증상에 힘들어한다는 이야기다. 그날 할 일을 꼼꼼히 적어놓고 하나하나 지워 나가다 보면 증상이 호전되기도 한다니 긍정적인 측면도 있겠지만, 그 다이어리마저 어디에 두었는지 잊어버리고 찾아다니게 되지는 않을까.

만유인력을 발견한 뉴턴이나 아인슈타인 같은 천재 물리학자도 종종 건망증이 있었다 한다.

뉴턴이 어느 날 수학문제 푸는 데 열중해 밥 먹는 것도 잊고 있었다. 그런 그를 놀려주려고 친구가 몰래 그의 도시락을 먹어 버렸는데 나중에 뉴턴이 도시락을 먹으려고 열어보니 텅 비어있는 것이었다. 그러자 뉴턴은 빈 도시락을 들여다보며 '아! 내가 문제 푸는데 정신이 팔려서 도시락 먹은 것도 깜박했네!' 라고 했단다. 자신이 작곡한 곡을 연주하는 사람을 보고 '누구의 곡인지 참 훌륭하다'고 칭찬을 했다는 슈베르트나, 기차표를 잃고 찾느라 허둥대는 아인슈타인에게 차장이 '박사님 같은 분이 기차표를 안 사고 기차를 탔을 리 만무하니 찾지 마십시오.' 하니 '아! 내가 그 표를 찾지 않으면 내릴 곳이 어딘지 몰라서 그래요.' 하더라는 이야기는 모두 건망증 때문에 생긴 일화이다. 하지만 그들이 중증 건망증이 있었다 해도 후세에 빛나는 업적을 이룬 분들이니 나 또한 건망증 때문에 가슴앓이를 하지 않아도 되지 않을까.

기억을 잃는다는 것은 진정 두려운 일이지만 의식을 하든 안 하든 인간의 뇌는 계속해서 기억들이 소멸하여간다고 한다. 하지만 잊지 말아야 할 것들을 잊는다는 것은 자아 상실감을 동반하기에 두려운 것이다. 하여 오늘도 나는 나의 존재를 확인하듯 집 안팎을 둘러보고 또 둘러보며 외출 길에 나선다.

황토방

맑은 물이 흐르는 계곡을 끼고 좁은 농로를 달려 열댓 명의 여자들이 네 대의 자가용에 나눠 타고 도착한 곳에 허름한 집 한 채가 모습을 드러냈다. 식당을 겸해 황토방을 운영하는 집이다. 초로의 중년 여자가 나와 허리를 반쯤 구부리며, 음식이 차려지기 전에 찜질부터 하는 게 순서라고 일러준다. 그러면서 황토방에 들어가려면 옷을 갈아입어야 한다며 입실복 빌려주는데 이천 원이란다. 옷을 보니 군데군데 물색이 바라 황토색인지 황갈색인지 후줄근하다. 바지에 다리를 집어넣으며 얼마나 많은 사람의 다리가 들락거렸을까를 생각하니 기분이 찜찜하다.

다른 대안이 없으니 모두 무조건 입고 황토방에 입실했다. 방문을 열자 뜨거운 열기가 확 달려든다. 바닥이 어찌나 뜨거운지 '동물의 왕국'에서 보았던 여느 동물처럼 잽싸게 왼발 오른발이 번갈아 자동으로 올라간다. 누군가 벽 한쪽에 잔뜩 쌓아놓은 깔개를 가리킨다. 너무 낡아 여름날 개 혓바닥처럼 축 늘어지는 깔개를 바닥이 뜨거워 아쉬운 대로 깔고 앉았다.

곁의 일행이 누워서 내 등을 툭툭 친다. 나도 깔개 하나를 둘둘 말아 머리에 대고 어정쩡한 포즈로 그의 옆에 누웠다. 손에 닿을 듯 낮은 천장이 울퉁불퉁해 일어나 손으로 툭툭 건드려보니 창호지로 대충 바른 대나무 천장이 텅텅 골빈 소리를 낸다. 군데군데 떨어져 나간 황토벽이 먹다 버린 식빵처럼 우툴두툴하다. 쑥 다발 묶음이 걸려있어 손으로 살짝 건드려보니 바스락 소리가 난다. 어찌나 말랐는지 냄새도 나지 않는다. 방 귀퉁이에 커다란 함지를 들여놓고 생솔가지를 잔뜩 꺾어다 담았는데 그것 또한 제 빛깔을 잃어 누리끼리하다. 주인 여자가 들어오더니 그곳에다 물을 확 끼얹으며 중얼거린다. "여기다 이렇게 물을 끼얹으면 솔 냄새가 나서 좋아요." 하지만 내 코가 막힌 건지 아무 냄새도 맡을 수가 없다.

창호지로 덧바른 손바닥만 한 작은 창 하나가 벽에 달랑 붙어있다. 촉수 낮은 백열등이 희미하게 비추고 있는 그 밀폐된 방에서 여자들의 수다는 한 시간 가까이 이어졌다. 땀을 빼고 배가 출출해질 무렵 주인 여자가 문을 두드렸다.

"상 차려놨어요."

손님이라곤 우리뿐이다. 입은 채로 나와도 괜찮다고 주인 여자가 말했다. 황토방 입실복을 입은 채로 식당으로 향했다. 상차림을 보니 엄청 푸지다. 오리 바비큐가 야들야들 잘 익은 선홍색 빛깔로 상 가운데 앉아있기에 얼른 한 점 집어 입에 넣었다. 오리고기가 그렇게 질긴 건 처음 봤다. 어찌나 질긴지 쇠심줄 씹는 기분이다. '늙은 할마씨 오리를 잡았는가?' 투덜대며 질겅질겅 씹는다. 그래도 모두 잘들 먹는다. 먹기 대회 나가면 아마 우등은 떼놓은 당상일 거다. 식사를 끝내고 다시 황토방으로 들어갔다. 밥을 금방 먹은 데다가 갑자기 더운 곳으로 들어가니 숨이 턱턱 막힌다. 찬바람 좀 쏘여야 숨통이 트일 것 같아 문을 발로 슬며시 밀었다. 차가운 바람이 들어오니 살 것 같다.

"아니 찬바람 들어가면 그거 데우느라고 장작을 얼마나 더 때야 하는 줄 알아요?"

주인 여자의 날 선 목소리가 들려 얼른 발을 빼는데 문이 벌컥 열리면서 그녀가 도끼눈을 하고 방안을 휘둘러본다.

"누가 열었어요?"

얼른 돌아앉아 시치미를 뗐다. 대답이 없자 "다신 열지 마세요!" 여자가 씩씩거리며 문을 닫는다.

내 생애 처음 경험해본 황토방. 황토방의 하루가 그렇게 지나갔다. 집으로 돌아오니 텔레비전에서 황토방에 관한 이야기를 하고 있다. 황토방 잘못 갔다가는 저승길이 눈앞이란다. 더운 열기 한참 쏘이다가 갑자기 밖으로 나오면 찬 공기에 혈압이 올라가 의식을 잃어 죽을 수도 있으니 조심해야 한단다.

원주 가는 길목에 늘 연기를 피워 올리는 황토방이 있다. 그 곁을 지나갈 때마다, 질긴 오리고기, 바싹 마른 쑥 다발, 누리끼리한 솔가지. 황토방을 가득 메웠던 여자들의 질펀한 수다가 떠오른다.

그해 가을

온 산야를 태울 듯 기승을 부리던 한여름의 폭염은 어디로 숨었을까. 느긋해진 햇살이 장독대에 앉아 졸고 있다. 푸른 가을 하늘 위로 양평에 처음 발을 들여놓던 그해 가을이 생각난다.

서울에서 태어나 인생의 반백 년을 도시에서만 살아온 내게는 온통 논밭으로 둘러싸인 조그마한 농촌 마을이 낯설기만 했다. 외가가 시골이어서 어린 시절에 자주 놀러 갔었다고는 하지만 며칠씩만 머물다 올 뿐이어서 농촌에 터를 잡고 눌러앉는다는 것이 내게는 다소 생경스러웠기 때문이다. 하지만 당시 사업이 기울어 의기소침해 있던 남편이 고향을 찾아 정착하고픈 소망을 내비쳤을 때 무조건 반대만 할 수도 없어서 선택한 길이기도 했다.

작은 화초 하나 가꾸는 일도 베란다에 놓인 화분에 물주기가 전부였던 나였지만, 이왕 발을 들여놓은 것이니 들판에 살아 움직이는 푸른 태동을 보며 희망을 가져보려 노력하였다. 새빨갛게 여물어가는 텃밭의 빨간 고추를 거두며 몸 고생 마음고생 했던 순간들도 흘려보냈다.

상큼한 풀 냄새가 실려 오는 바람과 마주하고 섰노라면 낯선 곳에 대한 불안감도 사라져 갔다. 아침에 일어날 때면 머리가 무거워 잘 들지 못하던 목의 통증도 언젠가부터 사라지고 없었다. '오염되지 않은 자연이 인간에게 되돌려주는 보상은 이런 것인가 보다.' 라는 거창한 생각이 들기도 했다. 몸이 건강해지니 마음도 건강해지는 것 같았다. 하지만 젊은이들이 모두 대처로 떠난 농촌 마을의 지킴이는 노인이 대부분이어서 활기가 별로 느껴지지 않았다. 한 일 년 세를 살면서 정착할 곳을 물색해 보자고 의논이 되어 계약한 전셋집은 동네 맨 끝에 자리하고 있어서 읍에라도 나가려면 마을을 통과하지 않으면 안 되었다. 동네 한가운데에는 대문을 활짝 열어 놓고 사는 집이 있었는데 그 집 대문 앞에는 시장에 내다 팔 비름나물을 잔뜩 쌓아놓고 동네 노인들이 모여앉아 손을 놀리고 있었다. 읍에라도 가려면 어쩔 수 없이 그 집 앞을 지나가야 되니 노인들과 마주쳐야 하는 상황이었다. 그것을 텃세라고 하던가. 도시 사람이 마을에 찾아들었으나 뜨악해 하며 별로 반기는 기색이 아니었다. 하지만 마주칠 때마다 꼬박꼬박 인사를 했다. 그러자 외면만 할 수 없었던지 노인들도 차츰 마음을 열기 시작했다. 때로는 지나다가 그들 곁에 앉아 이야기에 귀를 기울이기도 하였다.

어느 날, 비름나물 집 할아버지가 환갑을 맞았다며 그 집 며느리가 잔치에 나를 초대했다. 집안을 대충 치운 뒤 약간의 부조금을 넣은 봉투를 들고 찾아가니 너른 마당엔 손님들로 발 디딜 틈이 없었다. 잠시 서 있으려니 큰며느리인 듯싶은 여자가 다가와 나를 방으로 안내를 했다. 방으로 들어서자 음식이 가득 차려진 상 앞에 많은 사람이 둘러앉아 음식을 먹고 있었다. 안면이 있는 사람 곁에 앉는 게 나을까 싶어 늘 지나치며 인사를 나누던 노인 곁에 가서 앉았다.

아직은 낯선 사람이 많아 얌전히 수저만 놀리고 있는데 곁에 있던 노인이 불시에 말을 건네 왔다.

"아니 그런데 이 시골구석엔 뭐하러 왔소?"

갑작스러운 노인의 질문에 딱히 대답할 말이 없어 주저하다가

"뭐 하긴요. 살러 왔지요."

라고 퉁명스럽게 대답했다. 더 이상의 대화는 없었지만, 기분이 몹시 참담했다. 이 시골구석이라니. 노인의 말투에서 자기가 살고 있는 고장에 대한 애착심이라고는 찾아볼 수 없었다. 왜, 오랜 세월 뿌리내리고 살아온 자신의 터전에 애착을 갖지 못하는 것일까.

그 마을에서 일 년을 살고 지금 살고 있는 곳으로 이사를 와 정착한 지 어언 십여 년. 이 시골구석엔, 하고 묻던 노인의 그 시골

구석이 이제는 떠나 살라고 해도 못 떠날 제2의 고향이 되었다. 지난 십여 년 세월에 얻은 것도 있고 잃은 것도 있지만, 이 산자수명(山紫水明)한 고장에 살면서 글을 써서 문단에 데뷔하여 작가가 되었으니 나로서는 명예를 얻은 것이요, 사랑하는 첫 손자를 사고로 떠나보내야 했으니 그것은 잃은 것이 될 것이다. 하지만 사람살이에 어찌 길흉화복이 없으랴. 양평은 나의 기쁨과 슬픔까지도 몽땅 끌어안고 위로해 주는 내 삶의 마지막 보루인 것을.

오늘도 텃밭엔 양평에 첫발을 들여놓던 그해 가을처럼 빨갛게 고추가 익어가고 있다.

빗소리

"와, 비 온다."

비가 온다며 우르르 뛰어가는 아이들 소리에 창밖을 보니 소리 없이 비가 내리고 있다. 건넛집 우사(牛舍) 위로, 너른 논밭 위로 가을비가 추적추적 내리고 있다. 빗속을 뛰어가는 아이들 모습 위로 기억도 아득한 어린 시절이 안개처럼 피어오른다.

내 나이 여덟 살 무렵, 전쟁이 끝나 돌아온 마을엔 각처에서 흘러들어 온 낯선 실향민들로 복작거렸다. 낡은 판자로 얼기설기 덧대어 지은 판잣집이 우후죽순처럼 늘어나고 손바닥만 한 마을 공터에서는 온종일 아이들 떠드는 소리가 끊이질 않았다. 비라도 한바탕 퍼부으면 머리를 맞대듯 들어앉은 양철 지붕들이 다투기라도 하듯 자지러지는 소리를 질러댔다. 마을에 수도가 들어오기 전까지는 낡은 지붕을 이고 서 있는 동네 우물을 길어다 먹고 살았는데 물이 귀해서인지 아침저녁으로만 우물의 뚜껑을 열어 놓았다. 그 탓에 어머니는 비만 오면 양동이, 세숫대야, 함지박에 조금 크다 싶은 양푼까지 일렬종대로 늘어놓고 양철 지붕의 골을 타고 흘러내리는 빗물을 받아 모으곤 하셨다. 그 물에 빨래를 하면 하얗게 빛이 난다고 좋아하셨다.

마을 한쪽에는 병뚜껑을 찍어내는 공장이 있었다. 쓰기 좋게 자른 양철을 기계에 넣고 손잡이를 누르면 철컥하는 소리와 함께 병뚜껑이 찍혀 나왔다. 그 병뚜껑을 찍어내던 천막공장은 이웃 금자언니네 축대 밑에 붙어있었다. 전쟁 중에 부모를 잃고 남매가 외롭게 살고 있는 집이었다. 금자언니의 하나뿐인 오빠는 동대문시장 노점에서 양말 장사를 하였다. 집에 들어오지 않는 날이 많아 아이들은 언니네 집에 모여서 놀다가 잠이 들기도 했다. 부모가 없는 외로움 때문이었는지 언니는 아이들을 좋아해, 찬바람이 씽씽 부는 한겨울 밤이면 고구마를 쪄 얼음이 동동 뜨는 동치미와 함께 내오곤 했다. 먹을거리가 흔치 않던 시절이니 먹성 좋은 아이들은 그 맛에라도 모여들기를 좋아했다. 커다랗게 썬 동치미 한 쪽씩 집어 들고는 과자를 먹듯 으적으적 씹으며 언니가 들려준 옛날이야기에 밤 깊은 줄도 몰랐던 시절. 아, 그때 그 동치미 맛을 아직도 나는 잊지 못한다. 그 긴긴 겨울밤 끝도 없이 들려오던 동무들의 도란거림도.

추석이나 명절 때면 연극도 했다. 언니네 마루 끝에 이불 홑청을 뜯어 장막을 치고 연극도 하였는데 그때 내가 맡았던 역할 중에 담배를 피우는 장면이 있었다. 흉내만 내도 될 것을 더 잘하려는 욕심에 담배 연기를 들이마시고 눈이 벌게지도록 캑캑대던 기억이 지금도 잊히지 않는다.

언니가 살아있을 때의 겨울이 늘 짧았던 것은 인정 많았던 언니의 넉넉한 마음 때문이 아니었나 싶다. 그 언니가 뚝섬으로 물놀이 갔다가 싸늘한 주검이 되어 돌아온 것은 그녀 나이 스무 살 때였다. 준비도 없이 물에 뛰어들었다가 심장마비를 일으켜 사망한 거라고 했다. 그 사건으로 아이들은 한동안 슬픔에 싸여 지내야만 했다.

마을 뒤로는 야트막한 산이 있었다. 서울시민의 물을 저장해 두는 저장탱크가 묻힌 곳이었다. 사람들은 그 산을 가리켜 수도국산이라 불렀는데 물탱크 묻힌 언저리를 빙 둘러 철조망을 치고 사람들의 출입을 통제했다. 이따금 관리하는 사람이 긴 막대기에 끈을 매달아 물 상태를 점검하는 모습이 철조망 너머로 건너다보였다. 아이들은 그 수도국산 산비탈을 타고 오르내리며 놀았고, 장마철이 끝나고 나면 물에 씻겨 내려간 흙구덩이에서 갓난아기 시체가 발견이 되곤 하였다. 그런 날이면 마을로 경찰차가 앵앵거리며 달려왔고 산비탈엔 구경꾼이 빽빽했다. 어린 내 걸음으로 이십 분 남짓한 거리에 밤이면 웃음을 파는 여자들이 골목길에 늘어서서 지나가는 남자들의 옷을 슬며시 끌어당기곤 하였는데 사람들은 그녀들 짓일 거라고 수군거렸다.

의료시설이 열악하기 짝이 없던 그 시절엔 결핵 환자도 많았다. 우리와 골목을 사이 한 이웃집에도 결핵을 앓는 아주머니가 한 분 있었는데 어느 날 온 마을로 매캐한 냄새가 진동을 하며 돌았다. 그녀가 죽어서 집안에 남아있을지 모르는 결핵균을 쫓아내기 위해 고추를 태우는 것이라고 했다. 그 결핵균이 우리 집으로 날아오는 건 아닐까 하는 걱정에 방문을 꼭 닫아걸던 기억이 난다.

죽은 그녀에게는 나와 비슷한 또래의 곱상하게 생긴 딸이 있었다. 그 아이는 아침마다 문 앞에 나와 서서 내가 학교 가는 것을 지켜보곤 했다. 빤히 바라보고 있는 그녀의 시선이 부담스러워 부엌 뒷문으로 몰래 빠져나간 적도 있었다.

나중에 전해 들은 이야기로는 교복 입고 학교 가는 모습이 너무 부러워서 그랬노라 는 것이었다. 그 말을 들은 후부터는 오히려 내가 미안해 고개를 돌리고 뛰어가곤 했다. 지나치게 내성적이던 나는 그녀와 한마디 말도 나눠 보지 못한 채 세월이 흘러 버렸는데, 지금은 어디선가 못다 배운 한을 자신의 아이들을 통해 이뤘으리라.

어렵고 힘들었던 시절이라 할지라도 지나간 날들은 늘 그리움으로 다가온다. 흔적이라도 남아있을까 하여 그 마을을 다시 찾아가 보니 옛 모습은 자취 없고 낯선 빌딩들이 서먹한 얼굴로 나를 맞았다. 무엇을 기대하고 찾아간 길이었을까. 가슴을 뭉텅 잘라낸 허탈감으로 발길을 돌리려는데 비가 추적추적 내리기 시작했다.

나도 모르게 발길을 멈추고 귀를 기울여 보았다. 하지만 그 어디에서도 양철 지붕을 두드리며 자지러지듯 내려앉던 빗소리는 들려오지 않았다. 그건 그냥 지나간 날의 꿈이었을까, 아아! 모두 꿈이었을까. 가슴에도 거리에도 비가 내리던 날, 나는 비를 맞으며 오래도록 그 거리를 서성거렸다.

2. 덧없음에 대하여

촛대꽃 내 친구

창문을 여니 시원한 바람이 밀려들어 온다. 빛조차 사라진 어둑한 앞산 능선이 곰의 등처럼 엎드려있다. 달아난 잠을 쫓은들 다시 돌아올까. 마당으로 나서니 울타리 가에 빼곡히 들어선 산수나뭇가지에서 푸드덕거리는 새의 날갯짓 소리가 요란하다. 깃을 찾아 잠이 든 작은 새무리들이 내 발짝 소리에 놀랐나 보다. 새들을 깨우지 않으려 발소리를 죽이며 살금살금 뒤란으로 돌아가니 어둑한 하늘 가득 무수한 별이 말을 걸어오는 것만 같다. 그 옛날 비좁은 다락방에 누워 너와 같이 바라보던 밤하늘처럼.

오늘도 고단한 삶을 잠시 내려놓고 잠에 취해 있을 친구야! 길을 걷다 우연히 너와 마주쳤던 날, 난 가슴이 철렁 내려앉았다. 연락 못 하고 사는 동안 변해버린 네 모습이 왜 그리 낯설었는지.

인간의 육체는 이십 대에서 성장이 멈춘다더라. 그 후로는 서서히 늙어가는 거래. 성장이 멈춘 육신처럼 정신 나이도 멈추는 것은 아닐까. 그래서 마음만은 늘 젊음인 채로 남아있는 것 같아. 늦은 나이에도 누군가를 만나 사랑할 수 있는 사람들을 보면 맞는 말 같기도 해. 세월의 벽을 뛰어넘어 우리는 철부지처럼 길에서 껴안고 어찌할 줄 몰라 했었잖아.

어둡던 네 얼굴이 떠오른다. 살림밖에 모르던 네가, 남편의 치료비를 감당할 길이 없어 포장마차를 시작했다는 말을 듣는 순간 난 기분이 아득해지더라. 한때는 시집 잘 간 너를 부러워한 적도 있었는데. 한 치 앞을 모르고 사는 것이 인생이라더니 그 말이 맞는가 봐. 하지만 하늘은 인간이 견딜 수 있을 만큼의 고통만 주신다고 했어. 힘내라 친구야!

장마가 휩쓸고 간 도로에 산에서 흘러내린 황토가 길게 띠를 이루고 있다. 그 어지러운 도로 위를 까치 떼가 분주히 날아다닌다. 눈여겨 자세히 들여다보니 수많은 지렁이가 따뜻한 곳을 찾아 아스팔트 위로 기어올랐다가 까치 떼에 수난을 당하고 있구나. 폭군 앞에 속수무책으로 당하는 불쌍한 백성들처럼 그것들은 하나 둘씩 까치의 먹이가 되어 사라져 간다.

한 치 앞을 모르는 우리네 앞날처럼 무수히 죽어가는 그것들을 바라보며 인간의 어리석음도 그와 같다는 생각을 잠시 해보았다.

언덕에 찻대 꽃이 흐드러지게 피었다. 멀리서 보면 눈가루를 뿌린 듯 하얀 꽃 무리. 점점이 박혀있는 노란 꽃술이 바람이 불 때마다 흔들거린다. 다가가 코를 대보면 향긋한 냄새가 난다. 아카시아 냄새 같기도 하고 질 좋은 세숫비누 냄새 같기도 한, 제 모습만큼의 아름다움을 키우며 제자리를 지키는 촛대 꽃은 너무 흔하기 때문에 아무도 눈여겨보지 않지. 그렇기 때문에 더욱 질기게 자기를 지킬 수 있는 것인지도 몰라. 자신을 태워 주위를 밝히는 촛불처럼, 우리 또한 척박한 운명의 땅에 뿌리를 내리고 살아가는 소박한 촛대 꽃이 아닐까.

쏴, 밀려가고 밀려오는 바람 속에서도 연약한 허리를 꼿꼿이 세우며 하늘을 향해 당당히 피어있는 촛대 꽃 무리. 바람을 비웃고 폭우를 비웃으며 의연히 피어있는 그 모습처럼 우리의 삶도 그와 같기를 기원해보련다.

건강해진 남편과 어깨를 나란히 하고 네가 내 집을 찾아올 때쯤, 그때도 촛대 꽃이 흐드러지게 피었으면 좋겠다.

낚시와 떡밥

등산이라면 자다가도 벌떡 일어날 정도로 산타기를 좋아하던 남편이 어느 날 친구를 따라 낚시를 갔다 온 다음부터는 주말마다 낚시 도구를 챙기기 시작했다. 무슨 일이건 시작했다 하면 깊이 빠져드는 성격인지라 몇 번 말려도 보고 짜증도 내 보았지만, 소용이 없었다. 그때부터 나는 시쳇말로 일요과부 신세나 다름없이 되었다. 얼마나 재미있기에 주말마다 빠지지 않고 낚시터를 찾는가 싶어서 어느 날 나도 따라나섰다.

경안에서 용인 방향으로 시오리쯤 들어가면 매산이라는 곳이 나오는데 널따란 찻길을 비껴 마을 길로 들어서니 논과 밭을 끼고 샛강이 흘렀다. 한강의 지류 중 하나인 이곳은 상류 쪽이라서인지 물도 맑았고 여기저기 낚시꾼들도 꽤 많이 보였다.

낚시 가방을 둘러멘 남편이 둑에 무성히 자란 풀을 헤치고 내려가 이곳저곳을 둘러보더니 새 물이 흘러들어오는 물길이라 고기가 잘 들 것 같다며 바윗돌이 듬성듬성 앉아있는 물가 한쪽에 낚싯대를 펼쳤다. 그러더니 아내가 뒤에 있건 말건 등 돌리고 앉아 물만 들여다보기 시작했다. 바람 소리, 물소리, 제 몸을 부대끼는 억새 소리뿐 눈을 감고 있으면 어느 산사에 들어앉아 있는 듯 적요하기만 했다. 무료함을 털어내려 말을 붙이려 하면, 사람 소리에 물고기가 도망간다며 입 막는 시늉을 해 보였다. 심심하고 따분했던 그날, 돌아앉은 남편의 등허리만 노려보다가 비좁은 텐트 안에서 나는 깜박 잠이 들었다.

'와, 와! 크다. 어어? 당겨, 당겨 누가 뜰채 좀 빨리 갖다 줘요!'

웅성거리는 소리에 눈을 떠보니 사위는 어느덧 캄캄한데 손전등 불 밑에서 어른 팔뚝보다 더 큰 잉어 한 마리가 퍼덕거렸다. 그날 남편은 개선장군이나 다름없었다. 대어를 낚았으니 얼마나 기분이 좋았을까. 기세를 몰아서 연달아 고기가 잡혔다. 낚싯대를 거두기 전에 곁에 앉은 낚시꾼들에게 잡은 물고기를 나누어 주는 선심까지 썼다.

낚싯대를 거두어 둑길을 걸어 나오는데 지나가던 마을 아주머니가 잉어를 보더니 깜짝 놀라는 것이었다. 자기 생전에 이렇게 큰 잉어가 마을에서 잡힌 것은 처음이란다. 그러면서 얼마나 큰지 대본다며 들고 있던 우산을 갖다 대는데 잉어의 크기가 우산

길이와 맞먹을 만하였다.

집으로 돌아오니 시어머님이 잉어를 보고 질색을 하셨다. 그렇게 큰 잉어는 잡는 것이 아니라며 전설에나 나올법한 용왕의 아들 이야기까지 들먹였다.

"바다에선 고래도 잡는데 뭐 어때요. 정말 용왕의 아들이라면 부자나 되게요?"

구시렁대며 차를 몰고 나갔다 돌아온 남편의 손에는 한지와 먹물 통이 들려있었다. 무엇을 하려나 보고 있으려니, 잉어를 깨끗이 물로 씻어내고 마른 헝겊으로 물기를 꾹꾹 눌러 닦더니 물고기 몸에다가 정성스레 먹물을 바르기 시작했다. 대어를 낚은 기념으로 물고기 표본을 뜨는 것이라 하였다. 그것을 계기로 한동안 우리 집엔 물고기 표본이 늘비하였다. 남편 손에 잡힌 물고기들은 제 삶의 흔적을 표본으로 남긴 채 그렇게 사라져 갔다.

마른 장작에 붙은 불길처럼 기세 좋게 타오르던 낚시에 대한 열정도 물고기의 표본이 장롱 위에 수북이 쌓일 때쯤부터는 식어가기 시작했다. 그랬는데, 시골로 내려오니 걸어서 오 분 거리에 낚시터가 있었다. 가까운 거리에 낚시터가 있으니 다시 구미가 당기는지 남편은 다시 낚시터를 찾기 시작했다. 집이 가까우니 오죽이나 좋을까. 그런데 예상과 달리 얼마 못 가 그 발길도 수그러들었다. 산골 물을 막아 만든 동네 낚시터는 건너편까지의 거리가 지름 백 미터도 안 되는 좁은 저수지인 데다가 물고기를 양식장에서 사다가 풀어 넣었다. 개방된 노천에서 하던 낚시의 묘미

와는 사뭇 달라 흥미가 없어진 때문이란다. 이삼만 원씩 하는 유료 낚시터 요금이 아까웠는데 '잘됐지, 뭐!' 하고 나도 속으로 쾌재를 불렀다.

그런데 낚시라는 말의 의미가 물고기를 낚는 의미와는 아주 다른 곳에도 쓰이고 있었다.

어느 날 조카 녀석이 제 친구와 전화통화를 하는데. "야, 너 그 아가씨한테 낚인 것 같던데 잘 돼 가냐?" 하고 묻는다. 그러나 뜻대로 잘 안 되는 모양인지 조카 녀석이 훈수를 주는데 "야, 이 쫀쫀아 떡밥 좀 써봐라?" 하는 것이 아닌가. 아니 연애하는데 웬 떡밥? 전화를 끊고 돌아서는 아이한테 물어보니 빙그레 웃는다. 아이가 말한 떡밥이 선물 공세라는 것을 나중에 알았다. 물고기한테만 떡밥을 던지는 게 아닌가 보다.

텔레비전에선 연일 정치 비자금에 관한 이야기가 쏟아져 나오고 있다. 물고기가 덥석 물고 생명 단축을 자초하는 떡밥이나, 준다고 덥석 받아먹고 온갖 야유에 시달리는 자칭 떡값이나 무엇이 다르랴. 툭하면 거론되는 떡값 이야기에 우리 같은 서민은 목이 멘다. 죽으라고 평생 땀 흘리며 일해도 만져볼까 말까 한 억 소리 나는 떡값을 덥석 받아먹고 죽은 물고기 신세가 되어도 좋으니 만져나 봤으면 여한이 없겠다는 사람들. 머지않아 거리엔 자선냄비가 등장을 할 것이다. 내가 베푼 작은 선심, 사랑이라는 떡밥으로 아픈 이들의 가슴에 작은 훈기나마 피울 수 있다면 올 연말이 따뜻하겠다.

C레이션

거실 창문을 열면, 마주 바라다보이는 낮은 산 능선 너머로 우람하게 솟아있는 산봉우리, 손 뻗으면 닿을 듯 눈앞으로 확 다가선다. 상수리나무 너른 잎사귀가 바람에 비비적거리며 귀를 간질이고, 이름 모를 풀벌레들이 낯선 발짝 소리에 울다 숨을 죽이는 산, 이따금 멧돼지가 출몰하기도 하여 여자 혼자서 오르기엔 주저하게 만드는 산, 주읍산이다. 주읍산이라는 정식 명칭 외에 이 산이 가지고 있는 다른 이름이 있는데 옛날엔 산을 끼고 일곱 개의 읍이 있었다 하여 칠읍산으로 불렸다 한다.

높지는 않아도 등산로가 가팔라서 오르기가 수월하지 않은 산이다. 앞에서 볼 땐 우뚝 솟은 외봉이 쓸쓸해 보이지만 뒤로 돌아가면 작은 봉우리가 또 있다.

보는 방향에 따라 모양도 느낌도 다르다. 용문 쪽으로 차를 타고 가다가 삼성리에서 바라보면 마치 임신한 여인이 누워 있는 것처럼 보인다. 수없이 죽어간 병사들의 혼을 품어 안은 산이 내 눈에 그리 보이는 것은 아닌지.

해마다 산수유 축제가 열리고 있는 주읍리 마을을 뒤로하고 호젓한 산길을 따라 오르다 보면 검은 화강석으로 쌓은 돌탑이 여럿 보인다. 언제, 누가, 왜 쌓았는지 모르지만, 탑 쌓기는 현재도 진행 상태인 듯 주변엔 꽤 많은 화강석이 무더기로 쌓여 있다. 네 개의 돌탑을 지나쳐 한참을 오르다 보면 옹달샘이 나온다. 말이 옹달샘이지 한 방울 두 방울 감질나게 떨어지는 벌건 황토물이다. 누군가 물을 받기 위해 작은 함지를 갖다 놓았는데 산짐승들을 배려한 고마운 손길인가 싶어 절로 미소를 짓게 만든다.

주읍산이 오늘날처럼 울창한 숲이 되기까지는 많은 세월이 흘러야 했다. 전쟁으로 폐허가 됐던 이 산에 나무를 심고 가꿔 오늘과 같은 푸른 산이 되었다지만, 육이오 전쟁 때는 낮에는 미군에게 밤에는 중공군에게, 번갈아 점령당하며 수많은 시체가 피비린내를 풍기던 곳이다.

당시 미군이 들어오면 산 아랫마을에 군막을 치고 일주일쯤 머물다 떠나고는 했는데 죽은 미군 병사의 시체를 가져다주면 답례로 '레숀박스'라는 것을 건네주었다. 일명 C레이션이라 불리는 이 상자에는 미군 병사들의 식량이 들어있는데 병사의 시체 한 구는 레숀박스 세 상자가 될 때도 있었고 때로는 다섯 상자가 될 때도 있었다. 가로세로 삼십 센티 안팎인 이 상자 속에는 초콜릿이나 통조림, 껌 등. 다양한 먹을거리가 들어있었다. 사람들은 목숨을 담보로 적의 눈을 피해가며 미군 병사의 시체를 날라다 주곤 했었는데, 먹을거리가 귀한 전쟁의 와중에 굶주린 가족들을 위해 거절할 수 없는 유혹이었을 것이다.

덩치가 큰 미군 병사의 시체를 끌고 오는 일은 너무 힘든 일이었다. 시체를 끌고 내려오다 지치면, 아이들은 가시덤불이나 웅덩이 같은 곳에 감추고 나뭇가지로 덮어 놓은 뒤 이튿날 다시 올라가 끌고 내려오곤 했다.

그렇게 살아낸 세월이었기 나무도 저리 푸른가 싶은데 과거를 묻어버린 골짜기엔 검은 화강석 돌탑만이 무심히 서 있다.

무슨 소망이 그리도 간절하여 바람만 드나드는 외진 산골짜기에 누가 탑을 쌓았을까. 죽은 병사들의 넋이 지금도 탑 주변을 맴돌고 있는 건 아닌지. 전쟁의 상처를 잊은 듯 고즈넉이 서 있는 산을 바라보며 나는 오늘도 C레이션을 생각한다.

지키고 싶은 것

날씨가 음산한 것이 비가 곧 쏟아질 모양이다. 습기를 머금은 바람이 눅진하게 달려든다. 이런 날이면 따끈한 국물이 제격이다. 두 아이를 데리고 어둠이 내려앉기 시작한 거리를 달려 설렁탕집을 찾아갔다. 집에서 십분 남짓한 거리에 있는 설렁탕집으로 들어서니 드넓은 실내에 즐비한 식탁들이 우리를 맞는다.

근래 황토 사랑이 일어 많은 사람이 황토 집을 짓는다는데 이 집은 꽤 오래전에 황토의 이로움을 알았나 보다. 통나무를 잘라 얹은 서까래가 정겹다. 불그레한 토담 벽이 어린 시절 보았던 외가의 담벼락을 떠올리게 한다.

볏짚을 썰어 황토에 섞어 수수깡 골대에 척척 붙여 만든 외할머니 댁의 사랑채에서 들려오던 웃음소리가 금방이라도 들려올 것만 같다.

식탁에 앉는 것에 익숙지 못한 우리 부부는 바닥에 털썩 퍼더앉는 걸 좋아해서 이마가 부딪힐 듯 낮은 문지방을 넘어 방안으로 들어섰다. 앉아서도 윗방을 넘겨다 볼 수 있게 만든 커다란 창엔 유리 대신 색색의 삼베를 기하학적 문양으로 잘라 붙여 만든 보자기가 묘한 분위기를 내며 냉풍기 바람에 흔들거린다. 아! 이 식당주인의 안목이 좀 색다르구나, 감탄하며 방안을 찬찬히 둘러본다. 구석에 낡은 고리짝이 얌전히 놓여있다. 그 고리짝이 신기한 듯 옆자리 손님의 아이가 고리짝에 매달린 손잡이를 만지작거린다. 내가 한쪽 눈을 찡긋하자 슬며시 제자리로 돌아가 앉는다.

잠시 뒤 여종업원이 깍두기와 김치가 담긴 작은 단지에 가위를 꽂아 접시 두 개와 물컵 몇 개를 쟁반에 받쳐 들고 왔다. 그녀의 얼굴에서 왠지 이국적인 냄새가 난다. 나와 눈이 마주치자 그녀가 흰 이를 드러내며 싱긋 웃는다. 설렁탕집에 태국 아가씨라니. 어쩐지 그림이 잘 그려지지 않아 뒤돌아나가는 그녀의 등 뒤에 시선이 잠시 동안 머물렀다. 한 무리의 손님이 밀려들어 온다. 창 너머 저쪽에 관광버스 한 대가 서 있는 것이 보인다.

출입구 한쪽, 사랑채였을 듯싶은 작은방 앞 좁은 툇마루에 인상이 푸근해 보이는 노인이 앉아서 들어오는 손님들에게 일일이 눈인사를 보내고 있다. 쪽을 틀었음 잘 어울렸을까? 하얗게 세어버린 노인의 커트 머리를 쳐다보며 오래전 떠난 시어머님의 쪽 머리가 문득 떠올랐다. 배가 고픈지 아이가 칭얼거리자 종업원이 알아차리기라도 한 듯 그릇이 찰찰 넘치도록 설렁탕 세 그릇을 쟁반에 받쳐 들고 와 식탁에 내려놓고 간다. 설렁탕 한 그릇을 아이가 둘로 나누는 사이 나는 깍두기를 썰어 접시에 담았다. 통고추를 씨째 갈아 버무려 익힌 김치가 가위질할 때마다 새콤한 냄새를 풍기며 입맛을 돋운다. 천일염으로 설렁탕 간을 맞추니 뽀얀 국물에 주인의 후한 인심을 대변하듯 고깃점이 넉넉하다. 국물을 한 수저 떠서 입에 넣고 맛을 보는데 선농단의 유래가 적힌 벽보가 눈에 들어온다.

예로부터 경칩(驚蟄) 뒤의 첫 번째 해일(亥日)에는 동대문 밖 전농동(典農洞:현 동대문구 祭基洞) 선농단에 적전(籍田)을 마련하고 풍년이 들기를 기원하며 제(祭)를 지낸 뒤 왕이 직접 쟁기를 잡고 밭을 갈아 보임으로써 농사의 소중함을 만백성에게 알리는 의식을 행하였다. 이때 모여든 많은 사람을 대접하기 위하여 쇠뼈를 곤 국물에 밥을 말아낸 것이 오늘날 설렁탕의 기원이 되었는데 원래 선농탕이라 불리던 것이 오늘날 설렁탕으로 음(音)이 변한 것이다.

그 옛날 임금님이 하사하시던 선농탕도 이런 맛이었을까? 옛사람들의 삶을 더듬으며 설렁탕 한 그릇에 끼니를 때우고 식당을 나서니 저 멀리 명멸하듯 반짝거리는 네온 불빛이 몇백 년 전의 반딧불이가 되어 시야 속으로 달려든다. 설렁탕 마니아인 남편이 아이들을 돌아보며 '역시 우리 것이 최고야!'라고 방송멘트를 흉내 내자 열두 살 손녀가 맞장구를 친다. '역시 할아버지가 최고야!' 그러자 작은 손녀도 질세라 종알거린다. '깍두기가 정말 맛있어요!'

빠르게 변화하는 문명의 이기에 발맞추기라도 하듯 아이들의 입맛도 따라서 변해간다. 피자에, 아이스크림에, 온갖 인스턴트식품에 길이 든 요즘 아이들, 조상 대대로 내려온 우리들의 식성이 서구화돼가면서 아동 비만이 늘고 있다고 한다. 그것은 바쁘게 돌아가는 현 사회가 만들어낸 어쩔 수 없는 현상인 듯하다. 빵으로 아침을 때우고 부모의 귀가 시간이 늦어지면 아이들은 서슴없이 전화 한 통으로 음식을 배달시켜 끼니를 해결한다.

초등학교 아동들의 비만 실태를 조사하니 80퍼센트의 학생들이 비만으로 나왔다고 한다. 음식문화가 바뀌면서 체형도 서구인의 모습을 닮아가는 것 같다. 몸집이 비대해지고 어른처럼 배가 나온 아이들이 많이 눈에 뜨인다. 아동 비만을 방치하면 어른 비만으로 가는 지름길이 된다고 한다. 꼭 우리 것을 고집하자는 것은 아니다. 그러나 조상 대대로 이어져 내려온 우리의 음식문화를 사랑할 줄 아는 아이들로 내 아이들이 커가기를 바랄 뿐이다.

김치를 좋아하고 된장찌개를 좋아하는 아이들, 내 아이들이 대견스럽다.

못 말리는 여자

조금은 이른 저녁에 목욕을 가기로 했다. 시간도 그렇고 날도 더워 썩 내키지는 않았지만 물 좋아하는 아이들 성화에 목욕 바구니를 찾으려 화장실 스위치를 누르니 전구가 나갔는지 불이 들어오지 않았다. 창문이 서쪽으로 나 있어서 대낮에도 어두운 화장실은 전깃불이 안 들어오면 여간 불편한 것이 아니다.

남편이 들어와 한참을 살펴보더니 전선에 이상이 생겼다며 차를 몰고 나가 새 전선을 사 가지고 돌아왔다. 그런데 전선을 사들고 와 화장실로 들어간 남편이 고장 난 전기는 고칠 생각을 안 하고 연방 들락날락하며 무얼 찾는 눈치다. 펜치를 화장실에다 놓아두었는데 아무리 찾아도 없다며 내게 보지 못 했느냐고 묻는다. 전선을 사러 나간 사이 세탁기를 돌리려 잠시 들어갔다 나오긴 했어도 펜치를 본 기억이 나지 않았다. 내가 고개를 젓자, "아, 펜치가 발이 달렸나 그새 어딜 간 거야!" 하며 언짢은 표정을 지었다.

결국, 다른 펜치를 찾아다 전선을 고쳤지만, 아내가 미심쩍다는 듯 남편이 자꾸 나를 흘끔거렸다. 미심쩍긴 하지만 증거물도 범인도 오리무중이니 어쩔 수 없나 보다.

날씨가 더운 탓인지 동네 온천은 한산했다. 아이들은 연방 온탕 냉탕 들락거리며 희희낙락이다.

증발한 펜치에 대한 생각은 온천물에 모두 씻어버리고 집으로 돌아오니 세탁기는 그새 다 돌아서 조용했다. 주섬주섬 빨래를 꺼내 건조대로 널러 가는데 무언가 묵직했다. 느낌이 이상했다. 혹시나? 하며 빨래를 들춰보니 남편이 그토록 찾아 헤매던 펜치 두 개가 아이 바짓가랑이에 둘둘 말려 나오지를 않는가. 터져 나오는 웃음을 참느라 킥킥대고 있으려니 남편이 왜 웃느냐고 묻는다. 책망들을 생각에 잠시 망설이다 하는 수 없이 실토를 하고 말았다.

"이게 말이에요, 펜치가 여기 숨어있었어요. 숨을 데가 없었나 왜 하필 아이 바짓가랑이람."

농 삼아 던지는 내 변명에 어이없는 얼굴로 빤히 쳐다본다. 설마 세탁기 안에서 펜치가 나왔으랴 싶은가보다. 그대로 서 있다가는 한소리들을 게 뻔하다. 도망치듯 나오는 내 등에 남편의 말

한마디가 날아와 꽂혔다.

"당신, 참 못 말리는 여자야!"

청춘은 나이로 잃는 것이 아니라 이상을 잃었을 때 잃는 것이라던 어느 시인의 말이 생각난다. 그는 몰랐던 것일까. 청춘은 이상을 잃었을 때 잃는 것이 아니라 세월이란 놈이 짊어지고 달아난다는 것을.

덧없음에 대하여

매주 목요일이면 원주까지 서예를 하러 다니던 노인이 이웃 마을에 살았다. 우리와 한마을에 살 때는 왕래도 간간이 있었지만, 거리가 멀어지다 보니 소식 접할 기회가 별로 없이 지냈다. 그는 아내와 구십이 넘은 노모를 모시며 세 식구가 단출하게 살았는데 '공직에서 물러난 뒤로는 오직 서예에만 몰두한다.'라고 그의 아내가 귀띔을 했다.

어느 날 그의 집에 들를 기회가 있어 찾아가게 되었다. 거실로 들어서니 활짝 열어젖힌 부부 침실 여기저기에 먹물이 선명한 화선지들이 채 마르지 못한 서체를 말리느라 널려 있었고 방 가운데를 차지한 둥근 탁자 위에는 용무늬가 새겨진 고급스러운 벼루

와 연적, 끝이 닳아 뭉툭해진 손때 묻은 붓들이 그가 오랜 시간 동안 서예를 해왔음을 짐작케 했다.

나도 한때 서예를 배워 전주 모 방송국주최 서예대전에 입선한 적도 있었노라고 하자 노인이 몹시 반가운 얼굴로 고개를 끄덕이며 자기가 난치는 법을 가르쳐 줄 테니 배우고 싶으면 찾아오라는 것이었다. 한 번 찾아가야지 하면서도 나는 나대로 수필을 씁네 하고 시간이 나지 않았다.

어느 날 갑자기 그 노인이 돌아가셨다는 소식이 들려왔다. 후두암으로 병원에 입원한 지 두 달 만이라고 했다. 그가 병원에 입원한 지 한 달도 안 돼서 그의 노모가 돌아가셨는데 차마 병자에게 알릴 수가 없어서 돌아갈 즈음에 겨우 알렸다고도 했다. 그의 부인은 졸지에 가족 두 사람을 떠나보낸 것이다. 텅 빈 집에 홀로 앉아 남편의 유품들을 정리하면서 부인은 무슨 생각을 했을까?

이웃으로부터 노인의 사망 소식을 듣던 순간 난 큰 충격을 받았다. 제일 먼저 떠오른 것이 노인의 침실 장롱 위에 수북이 쌓여있던 그의 작품들이었다. 얼마나 아끼고 아끼던 것들이었으랴. 한 작품 한 작품 정성을 들이면서 자신의 이름을 한 번쯤 세상에 알리고 싶었을 것이다.

노인의 죽음을 전해 듣던 날부터 내 가슴에 찬바람이 수시로 드나들었다. 내가 이제껏 이루고자 노력했던 것들이 얼마나 덧없는 것들인가. 죽으면 한순간에 모두 날아가 버리는 것들을. 붙잡으려 아등바등해도 어느 순간 눈감으면 끝나는데 그래도 그것들에 매달려야 하는가. 이런 내게 사람들은 말했다. "그래도 사는 동안은 열심히 살아야지 않겠느냐."라고.

하지만 그 열심이라는 것이 무엇을 위한 열심이란 말인가. 나는 한동안 그 생각들로 몹시 괴로웠다.

나의 아버지는 여느 아버지들과는 좀 다른 데가 있는 분이다. 새벽 세 시면 일어나 아랫목에 단정히 가부좌를 틀고 앉아 명상에 잠기곤 하셨다. 어린 시절부터 눈에 익어온 모습이라 별다른 생각 없이 보아 넘겼는데 나이가 들어가며 차츰 아버지의 정신세계가 궁금해지기 시작했다.

내가 어렴풋이나마 느꼈던 것은 아버지도 부처처럼 깨달음을 얻기 위해 그런다는 것이었다. 어느 날 당돌하게도 아버지한테 따졌다.

"부처가 되시려면 산으로 가셔야지요."

아버지를 힘겨워한 어머니가 불쌍해서였다. 가족을 굶기거나 그런 아버지는 아니었지만 도통 돈 버는 데는 소질도 없는 데다가 그리 애쓰는 것 같지도 않았다. 어머니는 만날 아버지가 거래처에서 받아온 어음을 이자를 쳐가며 바꿔다 직원들 월급을 주어야 했고, 대문 앞에는 툭하면 기자라는 남자들이 찾아와 방화시설 운운하며 엄마의 심장을 벌렁거리게 했다.

그 아버지가 끝내 아무것도 이루지 못하고 눈을 감으시던 날 동생과 나는 펑펑 울었다. 덧없음을 알면서도 그 덧없음을 뛰어넘어 그 어떤 세계를 갈구하던 아버지가 불쌍해서였다.

기독교 신앙을 갖고 있던 할머니가 집에 불이 나자 땅에 털썩 주저앉아 울부짖으며 나무아미타불을 외치더라는 이야기를 들은 기억이 난다. 자신이 믿어왔던 하느님의 존재를 일순간에 부정할 만큼 지키고 싶었던 것들이었을까. 잿더미로 변해가는 그것들을 보면서 그 할머니도 덧없음을 깨달았을까.

내 아버지의 말씀처럼 시작도 끝도 없는 것이 우주요 삶일까. 우리는 그저 한순간 왔다 가는 티끌에 불과한 것일까. 장롱 위에 쌓여있던 그 많은 작품을 불태우며 바보처럼 착한 그의 아내는 울지도 못하고 눈만 껌벅댔다.

집착은 또 다른 집착으로 우릴 괴롭게 만든다. 그녀의 등 뒤로 다가가 말해주고 싶었다. '아무것도 붙잡으려 하지 마세요. 언젠가는 그 모든 것들이 우릴 두고 떠날 겁니다.' 하지만 진실은 그것들이 우릴 떠나는 것이 아니라 우리가 버려두고 가야 할 것이란 걸 나는 차마 말할 수가 없었을 뿐이다.

아름다운 킬러

킬러(Killer)라는 단어의 사전적 의미를 찾아보니 국어사전에 이렇게 나와 있다(살인자. 배구에서 스파이크하는 사람. 야구에서 특정한 팀에 대하여 승률이 높은 투수).

꼭 사전적 의미가 아니더라도 무엇인가 한 가지에 특출한 사람을 보고 킬러라는 말을 붙이기를 주저하지 않는다. 그런 의미에서 볼 때 우리 집 킬러 이야기를 안 할 수가 없겠다.

6, 70년대는 쥐가 얼마나 많았는지 정부에서 쥐 잡는 날을 정하여 쥐약을 무상으로 나눠주곤 했다. 학교에서도 쥐 퇴치 운동의 참여 일환으로 잡은 쥐의 꼬리를 잘라 오라고까지 했었으니까.

내가 시집을 오던 그해에도 쥐는 국가적 골머리였다. 정부에서 비축해 둔 쌀은 쥐들의 공격 대상이었다. 쥐가 한 해에 먹어 치우는 양이 수천 가마나 된다고 매스컴이 떠들어댔다. 우리 집도 예외는 아니었다. 밤마다 쥐가 천장을 돌아다니며 신경을 자극했다. 밤뿐이 아니었다. 벌건 대낮에도 처마 물받이 위를 살살거리며 돌아다녔다.

쥐는 이상하게도 세숫비누 냄새를 좋아했다. 자고 나면 세숫비누엔 쥐 이빨 자국이 마치 머리빗으로 긁은 것처럼 나 있곤 해서 진저리를 치게 하였다. 약을 놓아도 덫을 놓아도 집 뒤로 하천이 흐르고 있기 때문인지 쥐들의 극성을 막을 비책은 없어 보였다. 골머리를 앓고 있던 어느 날, 남편이 굵은 철사를 잡기 좋은 크기로 잘라 끝을 뾰족하게 갈아놓더니 저녁상을 물린 뒷마루 끝에 앉아 처마 물받이를 유심히 살피기 시작했다.

“야호!”

방안에 앉아 빨래를 개키고 있던 나는 뜻하지 않은 남편의 환호에 눈이 휘둥그레졌다. 남편이 던진 화살촉에 쥐 한 마리가 숨을 헐떡거리고 있는 것이었다. 그해 가을 남편은 몇 마리의 쥐를 그런 식으로 잡아 없앴다.

시골로 내려와 그 쥐를 닮은 청설모와의 전쟁이 다시 시작됐다. 마당 한가운데 서 있는 아름드리 호두나무에 청설모가 드나들어도 우린 무심했었다. 얼마나 먹으랴 싶어서였다. 그런데 그건 착각이었다. 어느 날부턴가 단체로 몰려오기 시작한 것이다.

건너다보이는 이웃집 울안엔 호두나무가 꽤 여러 그루다. 사람이 상주하지 않고 주말에나 내려오는 탓에 그 집은 청설모들의 천국이었다. 그 이웃에 살고 있는 아낙이 말하기를, 그 집의 호두나무에 몰려드는 청설모가 오십 마리도 더 되는 것 같다고 너스레를 떨었다. '설마 그렇게 많이 올까?' 나는 의심했었다. 그랬는데 네 그루의 호두나무에서 고작 여남은 개 수확했다는 말에 아연실색하지 않을 수 없었다.

우리 집 호두나무는 꽤 높아서 철사로 만든 화살로는 어림없어 보였다. 하루는 남편이 단단한 대추 나뭇가지 하나를 잘라 이리저리 들여다보더니 찰 고무줄 몇 개를 사 들고 왔다. 새총을 만들 거라고 했다. 종이 기저귀가 없던 시절에 아기 기저귀를 채우던 노란 찰 고무줄이었다. 타이어를 잘라 만든 질긴 고무줄이라야 좋은데 구하기가 힘들어 아쉬운 대로 사 왔노라고 했다.

대추 나뭇가지를 Y자로 잘라 사온 고무줄을 달고 몇 번 시험을 해보았지만, 총알 대용품으로 사용한 자갈이 잘 날아가지 않았다. 잠시 궁리를 하던 남편이 철사를 잘라 U자로 접어 고무줄 끝에 끼우자 아주 먼 데까지 잘 날아갔다.

드디어 청설모 사냥이 시작됐다. 호두나무가 바라보이는 파라솔 밑에 앉아 남편은 숨을 죽이고 청설모를 기다리기 시작했다. 청설모의 지능은 생각보다 높아 보였다. 사람이 없는 틈을 타 교묘히 숨어들곤 했다. 나뭇가지 흔들리는 기척에 뛰어나가면 가지 위에 납작 엎드려 나무인지 청설모인지 분간이 어려웠다. 쫓고 쫓기는 싸움이었다. 청설모가 도망치면서 미처 가져가지 못한 호두가 한 버킷쯤 쌓일 무렵 드디어 청설모가 잡혔다.

그 뒤로 청설모 소탕작전은 열심히 수행됐다. 한 마리, 두 마리, 세 마리. 세 마리째가 울안에 갇히던 날. 좁은 울안에 갇힌 청설모 한 마리가 배가 불룩한 것이 새끼를 밴 것 같았다.

"여보 이놈은 새끼를 밴 것 같아. 젖이 솟은 걸 보니 아무래도 곧 새끼를 낳을 것 같은데."

고개를 갸웃거리던 남편이 구석에 처박아두었던 녹슨 새장을 찾아다가 분사용 래커로 칠한 뒤 새끼 밴 놈을 옮겨 넣었다. 사람의 심리란 것이 참 이상했다. 그리도 밉던 청설모가 새끼를 가진 것을 알게 되자 연민의 마음이 드는 것이었다. 청설모를 잡느라 눈에 불을 켜던 남편이 호두를 깨고 있다. 새끼 밴 놈을 먹여야 한단다. 그러면서 중얼거린다.

"먼데 산에 가서 풀어 줄 거야, 그러면 우리 집 못 찾아오겠지?"

꺼지지 않는 불꽃으로

거울을 들여다본다. 오늘따라 내 모습이 낯설다. 매일 들여다보는 거울이건만 괜스레 밉다. 카메라 필름처럼 뽀샵 처리하는 기능이 거울에도 있다면 내 기분이 조금은 달라질까. 화장품 바구니를 끌어다 놓고 손거울 앞에 앉았다. 이것저것 바르고 나니 기분이 조금 나아진다. 손녀가 보고 있다가 한마디 한다.

"와 아줌마 같다, 아줌마!"

제 딴엔 할머니가 화장한 모습이 예뻐 보인 모양이다. 젊은 시절엔, 아이들 키우랴 남편 뒷바라지하랴, 거동이 불편하신 시어머님 수발들랴, 나 자신은 돌아보지 못한 채 세월을 보냈다. 그렇게 다람쥐 쳇바퀴 돌듯 일상에 갇혀 몇십 년 세월을 보내고 나니 그제야 내 모습이 차츰 보이기 시작했다. 부스스한 머리, 헐렁한 고무줄 바지, 아무렇게나 벗어던진 낡은 슬리퍼. 외면당한 채 먼지만 쌓인 구두. 그 속에 갇혀 사는 추레한 내 모습을 돌아다보며 '왜 이렇게 살고 있는가?' 하는 자책이 왔다.

사는 게 정말 재미없고 지루하기만 했던 나날들, 자고 나면 그날이 그날 같았던 날들. 그 답답한 상황을 견뎌내기 위한 돌파구가 필요했다. 자수도 배워보고 붓글씨도 배워보고 지점토도 배워보고, 아마 그 외에도 서너 가지는 더 해본 것 같다. 하지만 그 어느 것도 나의 내면에서 일어나고 있는 갈등을 잠재우지는 못했다. 결국, 포기하고 집에 틀어박혀 책을 읽는 것으로 답답증을 풀어나갔다.

글이란 참 미묘했다. 글 속에 빠져들다 보면 나 자신도 잊게 되는 신기한 마력이 있었다. 그렇다고 무슨 교양서적이나 전문서적 같은 질적 향상을 위한 독서에 탐닉했던 것은 아니었다. 그냥 닥치는 대로 읽었다. 집 안을 청소하다 신문지 찢어진 것이 뒹굴면 하던 일을 놓고 앉아 들여다보기도 했다.

지금 돌아보면 그때 우울증이라는 놈이 나를 넘겨다보고 있었지 않았나 하는 생각이 든다. 하지만 내가 글을 쓰기 시작한 것은 생각지도 못했던 사건이 일어나면서부터였다. 첫 손자의 죽음이었다. 따뜻한 봄날 친구와 마을 웅덩이에 빠져 생을 마감한 아이. 내 몸보다 더 사랑했던 첫 손자와의 어이없는 이별은 말로는 표현이 안 되는 고통이었다. 살아서 지옥을 봤다면 조금은 설명이 될까. 한 달 새 몸이 십 킬로나 빠지고 가만히 앉아있어도 하늘이 뱅뱅 돌았다. 먹을 수도 없었고 잠잘 수도 없었다. 나는 내가 아니었다. 고통이 지배하는 하나의 살덩이였을 뿐.

고통을 잊기 위해 글쓰기에 매달렸다. 어디에라도 내 아픈 마음을 토해내야 숨통이 트일 것 같았다. 틈만 나면 컴퓨터 자판을 두드려댔다. 아픔은 길고도 질기게 나를 따라다녔지만 내 손끝에서 뼈가 되고 살이 되어 작품이 됐다. 등단을 하였고 내 영혼의 분신 같은 작품집도 냈다.

이제는 더 이상 슬퍼하지도 뒤돌아보지도 않으련다. 꺼지지 않는 불꽃처럼 내 남은 삶도 아름답게 피어나기를 기원하며 작은 흔적이라도 남겨보자고 오늘도 나는 글쓰기에 매달린다. 먼저 떠난 그 아이의 영혼이 나를 지켜볼 거라고 생각하면서.

개미

"아 수술을 하던지 그래. 원 볼썽사납게 어기적거리지 말고."

입에 올리기도 부끄러운 그 수술을 결심한 건 남편의 성화 때문이 아니었다. 핀잔을 주든지 말든지 고 연하디 연한 살에 칼을 대면 얼마나 아플까 하는 생각에 수술 같은 건 엄두도 못 냈었다. 마음을 작정한 건 부부 모임에 다녀온 뒤였다.

단체로 몰려갔던 대공원에서 원숭이 우리를 돌아보고 앞장서 휘적휘적 걸어가고 있을 때였다.

"어머 저이 좀 봐, 걸음이 왜 저래? 꼭 꽁지 빠진 닭처럼."

뒤에서 이죽거리는 소리가 나직이 들려왔다. 설마 본인이 알아들었을까 했겠지만, 그녀들의 속삭임은 귓속으로 가시처럼 들어와 박혔다.

'안 오겠다고 그만큼 했으면 혼자 오던지 왜 나를 끌고 와서 이 창피를 준담.'

남편에 대한 원망이 가슴에서 부글거렸다. 아픈 부위가 터질 것처럼 빼근해서 아무 데라도 털썩 주저앉고 싶었다. 수치심으로 얼굴이 화끈거렸다. 드러내놓고 말할 수 없는 이 창피함, 왜 하필 치질이람.

뒤를 확 돌아다보고 무어라 한마디 쏘아붙이고 싶었지만 알량한 남편 얼굴 생각해 참았던 것이 화근이었다. 화를 눌러가며 먹은 공원식당 전주비빔밥이 명치끝에 턱 걸려 내려가지를 않았다. 집으로 돌아와 밤새도록 가슴을 문지른다, 소화제를 먹는다, 난리법석을 피운 후에야 막힌 속이 겨우 뚫렸다.

"엄마 나이 먹으면 수술도 힘들대요."

아들이 그럴 때마다 짐짓 태연한 얼굴로 "그깟 치질 수술이 수술이냐?" 했지만 은근히 걱정이 되지 않는 건 아니었다. 그나마 당뇨가 없으니 망정이지 당뇨 환자들은 한번 핏줄이 터지면 피가 잘 멎지 않아 애를 먹는다는데, 적지 않은 나이에 언제 어떻게 합병증이 올는지도 모르는 일이고 이참에 아주 수술을 해버리자고 결심을 했다.

예약한 수술날짜가 하루 앞으로 다가오자 마음이 분주했다. 길어야 닷새 입원이라지만 삼시 끼니를 책임지고 있는 주부가 닷새씩이나 집을 떠나 있다는 게 어디 쉬운 일인가. 밑반찬을 만들어

냉장고에 넣어두고 장마에 쓰러진 고춧대며 화초들을 세워주러 마당으로 나갔다. 한여름 뙤약볕은 잠시만 서 있어도 땀이 줄줄 흘렀다. 타는 목을 축이려 잠시 집안으로 들어와 냉장고에서 시원한 포도 넥타를 꺼냈는데 한 번에 마시긴 다소 양이 많았다. 반쯤 마시고 남은 걸 그대로 싱크대 위에 올려놓고 밖으로 나왔다가 얼마 후 다시 들어가 남은 걸, 마저 마시는데 자꾸 씨가 씹히는 것이었다. 혀에 걸리는 포도 씨가 귀찮아 '웬 씨가 이렇게 많담?' 중얼대며 무심코 깡통 속을 들여다보다가 "으악!" 소리를 질렀다.

개미떼가 새카맣게 둥둥 떠다니고 있었다. 아작거리며 씹히던 것은 개미였던 것이다. 죽어 뻗어있는 놈, 살아서 꿈틀대는 놈, 서로 엉겨 붙어 저 살자고 허우적대는 놈.

주방의 창은 너무 작아 손바닥만 한데다가 더구나 북향이라서 한낮에도 어두컴컴하다. 그 칙칙한 어둠 속에 난데없는 침입자가 생길 줄 어찌 짐작이나 했겠는가. 단내를 맡고 몰려온 개미떼 군단, 얼씨구나 들어갔다가 익사한 것을 모르고.

그날 밤, 밤새도록 임산부처럼 헛구역질을 해댔다.

수술 당일 아침이었다.

앞서온 사람들의 치료가 한동안 이어졌고 드디어 차례가 오자 간호사가 이름을 호명했다.

"아침은 안 잡수고 오신 거지요?"

"네."

간호사의 지시대로 작은 방으로 들어서니 간호조무사인 듯한 여자가 모로 돌아누우라 한다. 그러더니 대뜸 바지와 속옷을 내리라 한다. 불안한 얼굴로 바라보니 안심하라는 듯 빙긋이 웃으며 "관장을 하는 겁니다." 한다.

몸 안으로 이상한 약이 들어오고 배가 아프기 시작했다. 아이고! 소리 나오기도 전에 화장실로 뛰어들길 수차례, 오장이 다 빠져나간 듯 눈앞이 휑한 것이 어지러웠다. 기진하여 의자에 기대 있는데 다시 이름을 호명했다. 딱딱한 나무침대에 또 누우란다. 가늘고 긴 대롱을 통해 몸 안으로 약물이 투입되고 배가 다시 아파지기 시작하더니 몸과 연결된 긴 대롱에서 오줌 줄기 같은 누런 물이 유리병 안으로 쏟아졌다. 사르르, 사르르 배가 아픈 와중에도 설마? 하는 생각에 커다란 유리병을 내려다보니 까뭇까뭇한 것이 수도 없이 떠다닌다. 개미다. 이빨에 짓이겨져 토막토막 난 개미의 사체들이 둥둥 떠다닌다. 얼른 눈을 내리감았다. 눈치를 챈다면 무슨 망신일까. 개미를 먹는 여자. 병원의 전설로 남게 될지도 몰라. 하지만 다행히 모르는 눈치다.

퇴원하던 날 남편이 이죽거렸다.

"남들은 일부러 개미를 먹는다는데, 아마 당신은 한 이백 년 거뜬할 거야!"

난 속으로 중얼거렸다.

'덤벙대는 나를 만나서 죄 없이 죽어간 개미들아 미안하다.'

물밥

만날 하는 밥이라 해도 어떤 날은 질고 어떤 날은 되다. 물의 양을 맞추기가 쉽지 않은 탓이다. 주부라면 누구나 경험했을 법한 일이다. 점심상 앞에 앉아 밥을 먹던 아이가 느닷없이 "에이, 밥이 왜 이렇게 질어."하고 타박을 한다. 남편이 기다렸다는 듯 한마디 거들었다.

"밥 좀 많이 씩 하지 마라!"

사실 가스 아낀다는 핑계로 두 끼니 먹을 밥을 한꺼번에 하는 거라고 둘러대곤 하지만 그건 핑계다. 끼니마다 밥을 안쳐야 하는 수고로움을 덜고 싶은 나의 약삭빠른 계산 때문이다. 그러다 보니 찬밥이 많이 남은 날은 쌀의 양도 적어지기 마련이니 물의 양을 맞추느라 여간 신경 쓰이는 게 아니다.

"진밥 좀 먹으면 안 돼? 물에 말아 먹기도 하는데, 먹기 싫음 그만둬. 배부르니까 엉뚱한 타박이나 하고."

아이를 야단치자, 남편이 눈을 치뜨며 나를 노려보았다.

"왜 아이한테 화를 내고 그래 잘못은 자기가 저질러놓고!"

잇따른 질책에 오기가 나서 나도 한마디 던졌다.

"뭐가 잘못이야? 나는 물밥도 많이 먹었어."

물밥이라는 말이 무슨 소리인지 몰라 남편이 멀뚱히 쳐다본다.

결혼하여 시댁으로 들어간 지 사흘째 되는 날부터 나의 물밥 끓이기가 시작되었다. 얼마 안 되는 찬밥을 들여다보고 있노라면 시어머님이 내게 일렀다.

"애야 물을 넉넉히 넣고 푹 끓여라."

점심때만 되면 시어머님은 찬밥에 물을 넣고 끓이라고 했다. 그래야 늘려 먹을 수 있다며 양식을 아껴야 되느니, 하고 말씀하셨다.

결혼하기 전 내 단골 메뉴 중 하나가 흰죽이었다. 계절이 바뀔 때마다 잔병치레를 하는 딸을 위해 친정어머니는 쌀을 갈아 흰죽을 끓여주시곤 했다.

그 지긋지긋한 흰죽이 싫어 언젠가 병원에 입원했을 때도 밀쳐놓고 먹지 않았었는데, 시집을 오니 시어머니는 번번이 밥을 끓이라고 하셨다. 새벽에 일어나면 아침밥 지을 쌀을 시어머님이 손수 퍼내 주셨는데 점심까지 먹기엔 턱도 없어 보이는 분량이었다. 한숨이 절로 나왔지만, 시어머님이 어려워 더 달라는 말을 할 수가 없었다. 일주일에 서너 번은 그 물밥을 먹었던 것 같다. 맛있는 음식도 한두 번이라는데, 끓인 밥이 먹기 싫어 끼적거리고 앉았으면 또 다른 호통이 날아왔다.

"어서 먹어, 남기면 안 된다."

대답은 했지만, 밥그릇을 손에 들고 건더기만 슬금슬금 건져 먹었다. 밥알만 건져 먹었으니 뽀얀 물만 남은 밥그릇이 들킬까 봐 슬그머니 들고나와 쏟아버리고는 했다.

아이가 태어나면서부터 나의 물밥 끓이기도 멈추게 되었다. 손자에게 젖을 먹여야 하니 물밥 가지고는 안 되겠다 생각하신 걸까. 쌀을 넉넉히 퍼 담아 주시더니 나중엔 아예 '네가 알아서 하려무나.' 맡겨버리셨다.

물밥을 만들라던 시어머니의 눈치를 살피며 스테인리스 주발 가득 밥을 고봉으로 퍼 담으면 "아니 그걸 다 먹느냐?" 하시던 어머님. "그러게 말이에요. 저 녀석이 어떻게나 빨아대는지 먹어도 금방 배가 고프네요." 빙긋 웃으며 대답하는 며느리가 얄밉지는 않으셨을까? 그때는 몰랐다. 농촌서 크고 자란 시어머님은 쌀 한 톨이라도 아껴야 한다는 것을 행동으로 가르쳐주고 싶으셨다는 걸.

밥에 찬물을 부어 후룩후룩 먹는 나를 아이가 타박한다.

“아유 그게 무슨 맛이에요?”

“응, 밥맛없을 땐 물 말아먹는 게 제일 좋아.”

나도 어느새 늙어가고 있나 보다. 그 옛날 시어머님의 말투를 닮아가고 있는 걸 보니.

무말랭이

"엄마 또 야?"

도시락 한 귀퉁이에 담겨 있는 반찬을 들여다보며 나는 짜증을 냈다.

학창시절, 내 도시락 단골메뉴 중 하나가 무말랭이였다. 시들배들 비틀어진 무말랭이는 말라깽이 내 모습과 비슷했다.

"너는 어찌 그렇게 살이 붙지를 않느냐?"

이따금 할머니가 우리 집에 오시면 안쓰러운 눈으로 바라보시곤 했다.

"만날 비쩍 마른 무말랭이만 먹어서 그래요."

퉁명스레 내뱉는 손녀딸이 밉지는 않으셨을는지.

그날 아침도 엄마가 싸준 도시락을 들여다보며 투정을 하고 있던 참이었다.

"엄마 계란 부침하나 해서 밥 위에 얹어주면 우리 집 망해요?"

되지도 않는 소리를 지껄이며 횡하니 대문 밖을 나서는 내 뒤를 엄마의 목소리가 따라왔다.

"어이구 철딱서니 없는 것. 밥 굶지 않는 것도 다행인 줄 알아야지, 제 동생이 몇인데."

대문 밖을 나서면 높이 쌓은 석축 밑으로 개울이 흘렀다. 집 뒤 낮은 산자락에서 흘러내린 물은 계곡을 타고 마을로 내려와 집집에서 흘러나온 하수와 뒤엉켜 퀴퀴한 냄새를 풍기며 흘러갔다. 그 개울가에 이따금 계란 껍질이 뒹굴며 내 심기를 건드렸다.

경숙이는 외딸인 데다가 부잣집 딸이었다. 그 애는 늘 보란 듯이 도시락 뚜껑을 활짝 열어 놓고 밥을 먹었다. 밥 위에는 으레 계란부침 하나가 얹혀있기 마련이었다. 혹시나? 하고 내 도시락을 열어 보면 반찬은 역시 김치 아니면 무말랭이였다.

밭농사가 많은 외할머니네 무밭은 상당히 넓었다. 끝이 아득한 그 무밭 가에 서면 맞은편 사람이 식별이 안 될 정도로 드넓었다. 교통편이 좋지 않았던 그 시절에 외할머니는 일곱 자식을 거두느라 힘들어하는 큰딸을 위해 감자나 고구마 따위를 자루 가득 담아 인편에 보내오곤 하셨는데 으레 무말랭이 자루도 들어있기 마련이었다.

외할머니가 호롱불 밑에 앉아 졸린 눈을 비벼가며 썰어 말린 것이라고 어머니는 고마워하셨지만 나는 '저놈의 무밭이 다 썩어 없어졌으면' 하고 바랐다. 외할머니가 돌아가시고 나자 몸이 약한 외숙모는 무밭을 이웃에게 텃도지로 내어 주고 손을 터셨다. 무말랭이가 다시 그리워지기 시작할 무렵 도시락 반찬이 확 달라지기 시작했다. 어묵 조림이 들어있을 때도 있었고 불에 구워 잘게 찢은 조기 반찬이 들어있기도 했다. 그토록 바라던 계란부침도 이따금 밥 위에 올라앉아 내 눈을 즐겁게 했다. 다달이 붓던 적금도 끝나 생활에 여유가 생겼다고, 새벽녘에 부모님이 자리 속에서 두런두런 밀담을 나누신 뒤부터였다. 내 반찬 투정도 막을 내렸다.

그때가 봄이었는데 나뭇가지가 아직 잎눈을 트기 전이라 날이 추웠다. 먹성 좋은 나이엔 쇠심줄도 녹인다고 못이 박히도록 들어왔건만 그날은 예외였다.

도시락 뚜껑을 열자 꽁치 한 토막이 윙크를 했다. 기름에 튀겨 넣은 꽁치는 윤기가 자르르 흐르며 입맛을 당겼다. 몇 조각으로 동강을 낸 뒤 한 조각 입에 넣으니 고소한 단백질이 입안에서 사르르 녹았다. 늦잠을 자는 바람에 아침을 거르고 등교를 한 터라 점심이 꿀맛이었다. 사달은 그때부터였다. 날이 추워 잔뜩 움츠리고 있다 허겁지겁 밥을 먹었으니 속이 온전할 리가 없었다. 뱃속이 요동을 치기 시작했다. 양호실로 달려가 소화제 두 알을 먹었건만 배는 여전히 뒤틀리며 아팠다.

그 일이 있은 뒤부터 다시는 생선을 먹을 수가 없이 되었다. 비린내만 맡아도 속이 메슥거렸다. 역시 내 체질엔 오랫동안 길들여진 김치나 무말랭이 같은 채소 반찬이 속이 편했다.

십 리 너머에 살고 있는 손위 시누이는 해마다 김장철이면 우리 집으로 배추를 바리바리 실어 보낸다. 덤으로 따라오는 건 벌건 흙을 뒤집어쓴 허여멀건 무다. 무가 커다란 자루 가득 들어있다. 식구가 적어 저 많은 걸 언제 다 먹나, 짐짓 걱정스러운 표정으로 바라보니 아이가 다가와 종알거린다.

"무말랭이 했다가 볶아먹어요."

그 세월 속에 돌아가 다시 선다면

지금은 장성한 두 아이가 아직은 초등학교입학도 하기 전이었다. 남편과 동업을 하던 사람이 거래처에서 수금한 돈을 몽땅 가지고 잠적한 사건이 있었다. 같이하던 사업을 자신이 투자한 것을 챙기고 손을 털겠다고 일어났으니 그동안의 일이 물거품이 되고 우리 가족은 곤경에 처하게 되었다. 월급도 주어야 했고 물건 대금도 갚아야 했지만 그럴 여력이 없었다.

기계도 팔고 공장도 넘어갔다. 곧 겨울이 닥치고 땔 것 먹을 것을 걱정해야 하는 처지가 되었다. 친정의 작은 도움도 임시방편이었다. 반찬이 없어 소금을 찍어 먹으며 지내다시피 하던 어느 날, 이웃 아주머니가 일거리가 있으니 따라나서지 않겠느냐고 물었다. 아이들만 동그마니 남겨둔 채 그녀를 따라 이른 새벽 집을 나섰다.

지금은 산업도로가 들어서고 다섯 갈래의 로터리로 탈바꿈한 서울 변두리의 어느 채소밭이었다. 그날 나는 생전 해보지도 않던 총각무 뽑는 일에 매달렸다. 난생처음 해보는 일이니 얼마나 서툴고 굼떴겠는가. 해가 꼴깍 넘어가고 사위가 어둑해질 때쯤 돼서야 일을 끝내니 채소밭 주인의 불평이 여간 아니었다.

그렇게 온종일 허리를 두드려가며 일해 준 품삯이 총각무 한 자루였다. 그날 나는 그것을 이고 지고 그 먼 길을 울음을 삼키며 돌아왔다.

집으로 들어서니 아이들은 엄마를 기다리다 눈물 콧물로 범벅이 되어 잠들어 있었다. 정부미 한 말에 일천 원 하던 시절, 그해 겨울의 눈물과 버무려 먹었던 총각김치 맛을 어찌 잊을까. 그런데 생활이 나락으로 떨어지고 나니 세상 모든 것에 적개심이 생기는 것이었다.

친구들은 모두 잘살고 있는데 나만 왜 이 모양으로 살아야 하는가? 자신이 비참해서 친구 만나는 것도 기피했다. 초라한 내 모습을 누군가에게 보인다는 것이 죽기보다 싫었다.

부모 슬하에서 물정 모르고 인형처럼 지내다 시집을 왔으니 나는 세상살이에 아는 것이 별로 없었다. 어려운 살림에 작은 도움이라도 주는 일을 하고 싶었지만, 묘책이 있는 것도 아니었다. 몇 날 며칠을 궁리하다가 겨우 생각해 낸 것이 집 가까이에 시장이 있으니 옥수수라도 삶아 노점에서 팔아볼까 싶었다.

어느 날 큰맘 먹고 경동시장을 일부러 찾아갔다. 그리고는 옥수수 한 자루를 목이 부러지라 이고 버스에 올랐다. 버스에 올랐지만, 가슴엔 근심이 가득했다. 이것을 어찌 팔아야 하는가, 우울한 얼굴로 창밖을 바라보고 있노라니 옆에 앉아있던 중년 부인이 슬며시 말을 걸어왔다. 전남편이 술만 먹었다 하면 하도 손찌검을 해서 이혼을 하고 나와 튀김 장사를 시작했는데 가게 앞을 지나다니던 모 고위직 간부였던 남자가 힘들게 사는 그녀를 불쌍히 여겨 도움을 주기 시작했단다.

그것이 빌미가 되어 결국 그와 동거를 시작하고 아이까지 낳았는데 알고 보니 처자식이 버젓이 있는 유부남이더란다. 결국, 집을 박차고 나왔노라는 하소연이었다. 갈 때도 없다는 그녀를 인정상 어쩌지 못해 단간방살이를 하는 우리 집으로 데리고 와 하룻밤 재워 주었다.

다행히 남편도 그러마! 하고 승낙을 했기 때문이다. 내 처지에 남을 돕는다는 것이 어불성설이었지만 오갈 데 없다는 그녀의 하소연을 차마 몰라라 할 수가 없었던 때문이었다. 하룻밤을 좁은 우리 방에서 같이 지내고 다음날 집주인 아주머니와 의논을 하였다. 집에 마침 사람 하나 누울 수 있는 작은 광이 비어있었는데 그곳에라도 머물게 해주면 안 되겠느냐고 간청을 하니 흔쾌히 승낙을 하였다.

여름이라 해도 한데 바람을 피해 잘 수 있으니 여자 몸으로 다행한 일이 아니겠는가. 고마워하는 그녀를 놔두고 다음날 나는 시장에서 사 온 옥수수를 삶아 커다란 양동이에 담아서 이고 길로 나섰다. 그런데 옥수수 사라는 말이 죽어도 입 밖으로 나오지 않았다.

사람이 모여 있으면 멀찍이서 바라보기만 하다가 발길을 돌리곤 하였다. 내 모습이 너무 부끄럽고 창피하였다. 그렇게 두어 시간을 여기 비쭉 저기 비쭉 서 있기만 하다가 결국 서너 정거장 너머의 친정으로 찾아갔다.

몸도 허약한 딸이 옥수수장사를 한다고 친정을 찾아들었으니 아버지 마음이 오죽 아프셨을까. 어이없는 낯빛으로 한참을 바라보시던 아버지에게 삶은 옥수수를 그릇째 내맡기고 돌아서던 날, 나는 부끄러움도 잊고 길가에 쭈그리고 앉아 엉엉 울었다.

빈손으로 털레털레 집으로 돌아오니 이제는 한 지붕 밑에 살게 된 그녀가 자기와 같이 튀김 장사를 해보지 않겠느냐고 물었다. 그녀는 나보다 나이가 훨씬 많았는데 심성이 바르고 마음 씀씀이 넉넉해 보였다.

다음날로 우린 밀가루 한 포를 사 들고 와 이스트와 설탕을 넣고 반죽해서 하룻밤 숙성을 시킨 뒤 시장에 나가 길에 가마니를 깔고 튀김 장사를 시작했다. 튀김은 그런대로 잘 팔렸다. 하지만 젊디젊은 여자가 길에 쪼그리고 앉아 튀김을 파는 것이 만만해 보였는지 남자들이 슬슬 수작을 걸어왔다. 나는 그 짓거리가 참을 수 없었다. 작은 농담 하나에도 자존심이 날을 세웠다. 마치 나를 업신여기는 것처럼 느껴졌기 때문이다. 결국, 그 일도 며칠 만에 손을 떼고 말았다.

돌아보면 부끄럽고 어리석었던 시절이었다. 어느 것 하나 제대로 붙잡고 늘어져 본 적이 없었으니. 그녀를 도와 그 일을 계속했더라면 지금쯤 수필가가 아닌 튀김집 사장이 되어있지는 않았을는지.

배꽃 향기

우리 집 거실 창문을 열면 마주 바라보이는 드넓은 과수원에 배꽃이 흐드러지게 피었다. 과수원 자락은 온통 눈이 내려 쌓인 듯 하얀 꽃밭이다. 코끝에 날아와 앉는 배꽃 냄새에 어질어질 멀미가 난다.

내 어릴 적, 외할아버지댁 뒤뜰엔 커다란 배나무 한그루가 서 있었다. 배가 익어가는 가을이 오면 할아버지는 기다란 장대를 들고 나무 곁을 오락가락하였는데. 극성스런 까치 떼가 잘 익어 단내나는 배만 찾아 부리로 구멍을 낸 뒤 쪼아 먹고는 달아나기 때문이었다. 단것을 좋아하시던 할아버지네 뒤뜰엔 커다란 단감나무도 몇 그루가 있었는데 할아버지는 유독 이 배나무를 아끼셨다.

1950년에 일어났던 동족 간의 전쟁은 우리 민족의 가슴에 아물지 않은 상처를 남긴 채 휴전으로 끝나고 말았는데, 전쟁이 지나간 마을 여기저기엔 시체들이 뒹굴며 악취를 풍겼다. 외할아버지네 마을도 예외일 수는 없었다. 어느 날 마을 이장의 주도하에 곳곳에 널려있는 시체를 한곳으로 모으는 작업을 하게 되었는데 외할아버지가 가족 대표로 그 일에 동원이 되었다.

아직도 남아 있을지 모를 적의 눈을 피해 위험이 덜한 야밤을 틈타 작업을 하게 되었는데, 푸른 달빛이 실눈을 뜨고 내려다보는 창백한 밤에 시체를 치우는 작업은 쉬운 것이 아니었다. 부엉이조차 울지 않던 그 밤, 시체를 둘러멘 사람들의 저벅대는 발걸음 소리만 정적을 흔들 뿐이었다. 무섬증에 등에선 식은땀이 흘렀지만, 할아버지 또한 그 일이 빨리 끝나기를 기도하며 열심히 시체를 날랐다. 얼마나 시간이 흘러갔을까, 먼동이 트려면 아직도 멀었는데 할아버지가 메고 가던 가마니 안에서 느닷없이 '여보세요' 하는 쉰 목소리가 나지막이 들려 왔다. 시체가 말을 걸어오니 얼마나 놀랐을까. 할아버지는 그만 넋이 빠져 털썩 주저앉고 말았다. 사람들은 말했다, 할아버지가 들은 것은 환청이었을 것이라고. 그 길로 병을 얻어 자리에 눕고만 할아버지는 영영 일어나 보지도 못 하시고 세상을 뜨셨다.

그런데 할아버지가 돌아가신 뒤로는 뒤뜰의 배나무에 배가 열리지를 않았다. 가을이면 그리도 실하게 배가 열리던 나무였는데. 이태를 두고 배가 열리지를 않자 이웃의 한 노인이 삼베를 잘라

나무에 걸어봐 주라고 하였다. 반신반의하는 마음으로 외할머니가 삼베를 잘라 나무에 걸어주니 다음 해부터 배가 다시 열리기 시작하는 것이었다. 나무도 저를 아끼던 주인의 죽음을 슬퍼했던 것일까? 그렇게 믿고 싶을 뿐이라고 누군가 내게 말한다면 나는 반박할 아무런 대답도 할 수가 없다. 하지만 이 세상엔 과학으로도 풀 수 없는 일들이 얼마나 많은가. 몇 해 후 전란으로 망가진 집을 수리하면서 배나무도 결국 베어지고 그 자리엔 우물이 들어앉게 되었다.

할아버지도 떠나고 배나무도 베어지고, 세월은 모든 것을 쓸어안고 흘러갔지만, 코끝에 맴도는 배꽃 향기가 나로 하여금 오래도록 할아버지의 기억을 떠올리게 하고 있다.

3. 잊는 연습

못난 손

홍얼홍얼 노래를 불러본다.

'거친 손이 애처로워 살며시 잡아본 순간,

거칠어진 손마디가 너무나도 안타까웠소!'

화단의 풀을 뽑아내느라 봄부터 여름이 다 갈 때까지 내 손은 마치 거북이 등처럼 꺼칠하다. 어디 그뿐이랴. 손톱 사이에 들어가 박힌 시커먼 흙은 이쑤시개로 파낸다 해도 한사코 남아있어 어쩌다 손님이라도 오면 찻잔을 내미는 손이 부끄럽고 민망하다.

그런데 밤이면 이 못난 손이 여간 요긴하게 쓰이는 것이 아니다. 작은 손녀딸은 할머니 손맛에 길이 들어 잠자리에 들 때마다 등을 긁어달라고 떼를 쓴다. 철 수세미보다는 부드럽고 야들야들

한 제 언니 손보다는 깔끄러운 할미 손이 그렇게 시원할 수가 없단다.

한동안은 딱히 외출할 일도 없어서 파마기가 다 풀어진 머리를 어찌해 볼 염도 안 하고 봉두난발을 하고 지냈다. 그런데 소속되어있는 지역 문인협회에서 소설분과를 만들었으니 나오라고 한다. 관심은 있지만, 소설의 소자도 모르는 나 같은 사람도 되느냐고 물으니 일단 한번 나와 보란다.

까치둥지 같은 머리를 하고 나갈 수는 없기에 미장원을 찾아갔다. 늘 다니던 동네 미장원을 놓아두고 만 원을 더 내야 하는 읍내 미장원을 일부러 찾아갔는데 내 나이 비슷해 보이는 눈이 큰 여자가 반갑게 맞는다. 그런데 미용사가 머리 손질을 잘 못 하는지, 아니면 손님이 없는 때를 잘 맞춰 찾아온 건지 텅 빈 미장원에 손님이라고는 달랑 나 하나뿐이다.

읍내 미장원을 안 다닌 지 거의 십 년 가까이 되는지라 가격이 얼마 하는지도 잘 모르는 데다가, 큰돈 들이나 적은 돈 들이나 해 놓은 머리를 보면 그게 그걸로 보이는지라 "비싸지 않은 거로 해 주세요." 하니 그녀가 빙긋이 웃는다. 설마 비웃는 건 아니겠지? 슬며시 눈을 내리깔며 표정관리를 했다.

미장원 안을 둘러보니 화초가 꽤 많았다. 아, 이 여자도 화초를 좋아하는구나. 그녀가 듣든 말든, 나는 신이 나서 우리 집에 심어 놓은 꽃 자랑을 열심히 했다. 머리를 말고 있는 그녀의 거울 속 손을 올려다보니 뽀얗기가 새색시 볼보다 더 희고 곱다. 슬며시 내 손을 내려다보니 가마솥 뚜껑이다. 부끄러운 마음에 재빨리 두 손을 깍지 껴 손바닥을 하늘로 향하게 뒤집고 앉아있노라니 하얀 손바닥이 나를 올려다보며 말을 건넨다. '어이구, 이 못난 여자야. 그래도 이 손으로 아름다운 꽃밭을 가꾸잖니!'

이러는 내게 지인이 한마디 덕담을 던진다.

"그 손이 얼마나 아름다운 손인데요. 글을 쓰시잖아요."

지난번 생신 때 찾아뵌 친정어머니의 손은 부드럽다 못해 야들야들했다. 자식 일곱을 키우실 땐 손에 물이 마를 날이 없던 어머니 손이 이젠 껍질만 남아서 마치 부드러운 가죽으로 덧씌운 것처럼 주름이 자글자글했다. 그 손이 왜 그렇게 내 가슴을 아프게 하는지. 거칠고 투박해도 힘이 있던 젊은 시절의 어머니 손은 이젠 되돌릴 수도 없는 세월 속에 묻혀버렸고 그 뒤를 따라가며 내 손도 어머니 손을 닮아간다. 무던히 노력하며 부끄럽지 않게 살아왔다고 자위하고 싶은 건 못난 내 손을 그런 식으로라도 위로받고 싶은 변명이리라.

사랑에 대하여

우리가 흔히 쓰는 말 중에 '밉다.'라는 표현이 있다. 그런데 이 밉다는 표현이 미묘하게 쓰일 때가 있다. 단어 자체는 못난 것을 의미하는 것인데 말하는 이의 속뜻은 전혀 그렇지 않다는 것을 나타내기 때문이다. 어린아이를 보고 '그놈 참 밉게 생겼네!'라고 말하는 노인이 있어서 '왜 잘생긴 남의 집 아이를 보고 하필이면 밉다.'라고 말하느냐니까, 아이를 질투하는 나쁜 기운이 혹시 아이를 해롭게 할까 봐 역으로 밉다는 표현을 쓰는 거란다.

가까운 지인이 술 잘 먹는 자기 남편과의 마찰이 있던 날이면 푸념처럼 늘어놓는 말이 이 '밉다.'라는 말이었다. '아유, 정말 미워 죽겠어.' 정말 그렇게 보기 싫었을까. 밉다는 마음이 드는 것도 사랑이 있기에 가능한 것이라고 하니 "그래 그 말이 맞긴 맞아!" 한다. 미움도 사랑의 또 다른 형태다. 미움마저도 없다면 터럭만큼의 사랑도 남아있지 않음을 의미한다. 그건 완전히 끝난 사랑이 아닐까. 무관심은 관계의 단절을 의미하기 때문이다.

그렇다면 사랑은 무엇일까. 정의 내릴 수 있는 단어이기는 한가. 사랑의 종류 또한 다양하다. 연인들의 사랑, 부부간의 사랑, 부모와 자식 간의 사랑, 사제 간의 사랑, 그리고 형제간의 사랑, 이렇게 많은 사랑이 있다. 그렇다면, 어느 것이 제일 애틋한 사랑일까. 어쩔 수 없이 헤어져야 하는, 이별을 앞둔 연인들의 사랑이라고 말하는 사람이 제일 많지 않을까. 하지만 남녀 간의 이별은 시간이 지남에 따라 희미해져 가니 그건 애타는 사랑은 될 수 있어도 영원한 사랑의 범주 안에는 들 수 없겠다.

부부도 돌아서면 남이 된다고 하고 연인도 이별하고 나면 사랑보다는 추억만 남아있을 법한데 그렇다면 죽어서도, 이별을 하고서도, 잊을 수 없는 사랑은 무엇일까. 그건 아마도 피붙이에 대한 사랑이 아닐까 싶다. 동생을 잃고 한동안 애통해하는 남편을 바라보며 저리도 슬플까 했었다는 친구가 어느 날 사고로 자신의 동생을 잃고 나서야 남편의 심정을 헤아리게 됐노라고 내게 고백한 적이 있었다.

본인이 겪고 나니 남편이 얼마나 힘들었었을까 가늠이 되더라고 했다.

우리 인간에게 서로 사랑하는 마음만 하느님이 주셨다면 얼마나 좋았을까 생각해보지만 사랑만 가득 차 있는 세상이라면 그것이 사랑인지 모르고 지냈을 것이라는 생각도 든다. 인간은 한순간도 누군가를, 무엇인가를 사랑하지 않고는 살 수 없는 존재이다. 우리가 누구를 증오한다면 그것도 사랑의 또 다른 변형이라 생각한다. 왜냐하면, 사랑이 없으면 증오도 있을 수 없기 때문이다. 무언가에 심취하여 그것에 취미라는 이름을 붙이고 깊이 빠져드는 것 또한 그 일에 대한 사랑이 있어 가능한 것이다. 가고 싶은 장소, 그 또한 그곳에 마음 끌림이 있어 찾아가고픈 것이니 이 또한 다른 형태의 사랑이 아닐까. 사랑 때문에 상처받고 괴로워하면서도 사랑이 있어 살아지는 삶. 그것은 인간뿐 아니라. 식물도 마찬가지라는 생각이다. 하늘이 내려준 비와 바람과 따뜻한 햇볕, 그것은 자연이 베푸는 사랑일 것이다. 하지만 세상에는 드러나 보이는 사랑만 있는 것도 아니다. 가슴에 숨겨둔 사랑을 끝내 고백하지 못하고 헤어지는 사람도 있다.

처녀 시절 나에게 절친한 친구가 한 명 있었다. 그녀의 하나뿐인 오빠는 고시 공부를 하러 산속 마을 어느 민가에 방 하나를 얻어 숙식을 하고 있었는데 담 너머 들려오는 이웃집 여자의 목소리를 듣고부터 사랑에 빠졌다. 이른 아침 숲을 흔들며 들려오는 그녀의 청아한 목소리가 꾀꼬리 같았다고 했다. 담을 넘겨다보면 얼굴을 볼 수도 있었을 텐데 자신의 환영이 깨어질까 두려워 끝내 얼굴도 모른 채 그곳을 떠나왔다고 했다.

플라토닉 러브. 유토피아적인 사랑. 첫사랑, 풋사랑, 치사랑, 내리사랑, 사랑이 넘치는 세상에 살고 있으니 우리는 얼마나 행복한 사람들인가.

거기다가 하느님의 넘치는 사랑까지 받고 있으니 우리는 분명 복 받은 인간이 분명하지 않겠는가. 때로는 시기하고, 때로는 다투면서도 살아갈 힘을 얻는 것은 이 세상에 사랑이 존재하기 때문이라는 생각이 든다.

블랙아웃

요즘은 여길 가도 모임, 저기를 가도 모임, 모임 자리가 많이 눈에 뜨인다.

이름이 조금이라도 알려진 대형식당은 예약을 하지 않으면 주말엔 들어갈 수조차 없다. 그런데 모임 자리에 감초처럼 빠지지 않고 등장하는 것이 있으니 바로 술이란 놈이다. 술 잘하는 친구가 말하기를 술 없는 모임은 앙꼬 없는 찐빵이요. 속없는 만두란다.

수줍던 사람도 술의 힘을 빌려 분위기에 젖어들고, 분위기 또한 화기애애해지니 술이란 모임 자리에서 빼려야 뺄 수 없는 필수품이 아니겠느냐는 것이다. 그러면 나처럼 한 모금도 못 하는 사람은 어떻게 하란 말이냐고 물으니, 술을 배우란다. 아니 배울 게 따로 있지 몸에서 안 받아들이는 걸 어쩌란 말인가. 이래저래 나는 그런 자리에 가면 눈치 보기 바쁘다. 상 밑에 아예 빈 술잔을 숨겨놓고 쏟아붓기 바쁘다.

부창부수라더니 우리 부부는 똑같이 술을 못한다. 소주 한잔에도 목덜미까지 붉어지는 남편이나 반 잔 마시고도 앞이 잘 안 보여 허둥대는 나는 무턱대고 술 권하는 사람을 별로 달가워하지 않는다.

몇 해 전이던가. 사고로 아이를 잃고 마음 붙일 곳이 없어 뒷방에 컴퓨터를 들여놓고는 보자기로 가려놓았다가 모두가 잠든 밤이면 컴퓨터를 배우기 시작했었다. 기초는 아이들 초등학교에서 일주일에 두 번씩 배운 것으로 대신하고 밤이면 복습을 할 때였는데 같은 연배들끼리의 모임인 모 카페를 통하여 많은 사람을 알게 되었다.

때는 팔월이라 플록스 꽃이 화단에 만발할 때였는데 어느 날 우리 집에서 모이자는 제안이 들어왔다. 남편은 몹시 보수적인 사람이라 그때까지 나는 한 번도 남녀가 어울리는 모임을 해보지 못한 터였는데 아내가 아이 잃은 슬픔을 벗어나려 애쓰고자 하는 걸 눈치를 챈 남편이 승낙을 하여 카페식구들을 모두 우리 집으로 초대를 하게 되었다.

그때나 지금이나 큰일이 닥치면 밥 한술도 못 뜨고 동동거려야 하는 못난 성격 탓에 그날도 온종일 먹은 것 없이 손님맞이에 분주하였는데 스무 명 가까운 손님을 혼자 치르려니 힘이 들었나 보다. 2차로 간 곳이 노래방이었는데 나는 거기서 소주 두 잔을 얼결에 받아 마시고는 정신이 혼미해져 버린 것이다.

내가 왜 그곳에 갔는지, 언제 갔는지를 잊어버린 것이다. 놀란 남편이 나를 차에 태우고 병원으로 달려가는 해프닝이 벌어졌고 왔던 손님들도 하나둘 떠나 버려서 모임의 마지막이 흐지부지되어버렸다. 그 후로 나는 될 수 있으면 술을 마시지 않는데 어쩌다 갈증이 나서 맥주라도 한잔 마시면 기어이 탈이 나서 배를 싸쥐고 화장실로 직행해야 하니 술은 나에게 있어 물과 기름 같은 존재다.

花間一壺酒 (화간일호주)
꽃 사이 놓인 한 동이 술을
獨酌無相親 (독작무상친)
친한 이 없이 혼자 마시네
擧盃邀明月 (거배요명월)
술 잔 들어 밝은 달 맞이하고
對影成三人 (대영성삼인)
그림자를 대하니 셋이 되었구나
月旣不解飮 (월기불해음)
달은 전부터 술 마실 줄 모르고
影徒隨我身 (영도수아신)
그림자는 부질없이 흉내만 내는구나

暫伴月將影 (잠반월장영)

한동안 달과 그림자 벗해

行樂須及春 (행락수급춘)

행락은 모름지기 봄에 맞추었다

我歌月排徊 (아가월배회)

내가 노래하니 달은 거닐고

我舞影凌亂 (아무영능란)

내가 춤을 추니 그림자 어지러워

醒時同交歡 (성시동교환)

깨어서는 모두 같이 즐기고

醉後各分散 (취후각분산)

취한 뒤에는 제각기 흩어진다

影結無情遊 (영결무정유)

길이 무정한 놀음 저들과 맺어

相期邈雲漢 (상기막운한)

아득한 은하에서 다시 만나길

月下獨酌(월하독작) – 이백(太白 李白)
_달빛 아래서 홀로 술을 마시다

술잔을 앞에 놓고 벗과 마주 앉아 삶의 사유를 엮어내려 가고픈 그런 낭만은 내게는 어울리지 않는 것인가. 하지만 어쩌랴, 내가 술을 마시지 못 하는 것이 아니라 술이 나를 싫다 하는 것을.

내 사랑

아들이 좋을까, 딸이 좋을까. 자식을 키우는 부모들이 흔히 말하기를, 아들은 든든한 맛이 있어 좋지만 키우는 재미는 딸보다 덜하다고 입을 모은다. 그래서일까. 딸은 없고 아들만 둘인 우리 집은 아이들이 어렸을 적부터 밤이면 이부자리 위에서 삼부자가 레슬링을 한다고 구들장이 울리도록 쿵쾅대지를 않나 태권도를 한다고 발로 벽을 차지 않나, 막대기를 휘두르며 칼싸움을 하지 않나, 놀이를 해도 꼭 거친 장난만 하고 놀아서 엄마인 나는 늘 뒷전에서 지켜보기만 했었다.

그런데 손녀딸을 내 손으로 키우면서부터는 키우는 재미가 여간 쏠쏠한 것이 아니다. 며칠 전엔 열 살 먹은 큰 손녀딸이 텔레비전을 보다가 모 가수가 나오자 자기가 제일 좋아하는 가수라며 잘 생기지 않았느냐고 내게 묻는다. 내가 보기에 인물이 별로라 고개를 저으니 자기가 보기에는 귀엽게 생겼다고 입을 비죽 내민다.

그러더니 느닷없이 "할머니는 좋겠네." 한다. 무엇이 좋으냐고 하니 할아버지같이 잘생긴 사람을 만났으니 얼마나 행복하냐는 것이다. 늙은 할아버지가 무에 잘생겼느냐고 하니 자기 눈엔 아주 멋져 보인단다. 그러면서 자기도 이담에 커서 할아버지같이 멋진 남자를 만날 거라고 한술 더 뜬다. 저녁 무렵 외출에서 돌아온 할아버지한테 엉기면서 또 한마디 한다.

할아버지는 할머니같이 예쁜 아내를 만나서 행복하겠다고. 그러면서 자기도 이담에 커서 잘생긴 남자 만나 할머니처럼 예쁜 목걸이랑 반지를 꼭 해달라고 할거란다. 결론은 반지 목걸이 때문이었다는 걸 알고 얼마나 웃었는지.

나는 핸드폰으로 전화나 주고받았지 단축다이얼을 어떻게 이용하는지 몰랐다. 얼마 전 핸드폰을 바꾸면서 아이들도 하나씩 사주었는데 내 핸드폰을 뺏어가더니 1번 누르면 할아버지가 나오고 2번을 누르면 집이 나오게 해놓았다며 단축다이얼을 이용하란다. 낮에 볼일이 있어 외출했다가 남편에게 전화를 하려고 핸드폰을 누르니 뜬금없이 '내 사랑'이라는 문구가 뜬다. 아이가 단축다이얼로 맞춰놓으며 할아버지 전화번호에 '내 사랑'이라는 문구를 넣은 것이다. 순간 얼굴이 붉어져 나도 모르게 얼른 주위를 둘러봤다. 그 뒤로 남편에게 전화만 걸면 내 사랑이란 문구가 뜨니 이래저래 남편은 내 사랑이다. 이만하면 손녀딸 키우는 재미가 쏠쏠하다 하지 않겠는가.

어머니

_편지

어머니, 새벽길에 안개가 짙게 깔려 있습니다. 어머니 가슴에 내 가슴에 지워지지 않는 슬픔의 그림자처럼 소리 없이 찾아왔다가 소리 없이 떠납니다.

이른 아침부터 참새 두 마리가 날아와 유리창에 비친 제 모습을 부리로 연방 쪼아댑니다. 스스로 상처 입는 그 모습을 보면서 이제는 잊어야 할 지나간 날의 상처를 곱씹으며 아파하는 내 모습만 같아서 한참 바라다보았습니다.

가을이 여무는 뜰엔, 일곱 자식을 기르느라 힘들었을 어머니 가슴의 근심처럼 붉은 산수유 열매가 올망졸망 매달려 있습니다. 철없던 시절엔 아들만 귀히 여기시는 어머니를 원망도 많이 했었지요. 한때는 어머니가 내 친어머니가 아니길 바랐던 적도 있었으니까요. 어디엔가 친어머니가 있어서 찾아 떠나는 불쌍한 내 모습을 상상했던 철없던 시절도 있었답니다.

어머니가 사랑하던 셋째 아들을 잃고 내 집에 기거하시던 일곱 달을 기억합니다. 베갯잇에 얼굴을 묻고 숨죽여 우시던 어머님의 흐느낌을 밤마다 들어야 했습니다. 소리는 귀를 막아도 문틈을 비집고 흘러나와 내 가슴도 타들어 가게 했습니다.

밤은 왜 그리도 길던지요.

마을 밖으로 나가는 길가 공동묘지 앞을 지날 때마다 애써 눈길을 돌리시던 어머니 모습이 눈에 선합니다. 먼 산자락에 묻혀 있을 아들 생각에 가슴이 미어져 가던 걸음 멈추시고 털썩 주저앉아 속울음 삼키시던 그 겨울날의 찬바람을 생각합니다. 지금도 들려오는 동생의 목소리를 저 또한 잊을 수가 없습니다. 어디선가 누나! 하고 곧 튀어나올 것만 같습니다.

추운 겨울날, 맨바닥에 잔뜩 웅크린 채 잠이 든 어머님을 보았습니다. 이부자리를 꺼내 살그머니 덮어드리며 저는 한없이 울었습니다. '그 아이가 얼마나 추울까? 그 찬 땅속에서 얼마나 추울까.' 하시며 통곡하시던 어머님의 모습이 너무도 가슴 시렸습니다. 아버지 먼저 떠나시고 어디 한 곳 마음 못 붙이시고 나그네처럼 떠돌던 어머니가 작은딸네로 들어가시던 날은 참 많이도 서운했습니다. 굳이 큰딸인 우리 집을 마다하시고 작은딸네로 들어가신 어머님의 속내를 짐작 못 했던 때문이지요. 둘러봐도 산이요,

들 뿐인 이 시골에 도시서 살아오신 어머님이 마음 붙일 곳이 없으셨던 걸 이 못난 딸은 늦게야 깨달았답니다.

더구나 동생 떠나고 그 이듬해 이 딸이 첫 손자를 잃어, 말로는 다할 수 없는 이중의 고통 속에 살고 있을 때였어요. 어쩌면 어머니는 이 딸을 바라보기 싫으셨는지도 모릅니다. 당신이 겪는 고통을 자식이 또 겪고 있으니 못 견뎌 하신 것은 당연한 일이지요.

고통은 시도 때도 없이 가슴을 치밀며 올라오지만 흐르는 세월은 망각이란 처방전을 가슴에 안기며 흘러갑니다. 육신의 상처는 흔적과 기억을 남길 뿐 아픔은 사라지지만, 마음에 입은 상처는 흔적도 없으면서 왜 그리 고통이 오래가는지요. 한동안 잊었는가 하면 어느 날 문득 참을 수 없는 아픔으로 되살아나곤 하니 말입니다.

하지만 언젠가는 안개가 걷히듯 어머니 가슴에 내 가슴에 드리운 슬픈 기억들이 지워질 날이 오겠지요. 동생이 누운 산자락에도 내 아이가 떠난 숲에도 어김없이 가을이 또 찾아왔네요. 이 가을 낙엽이 떠나가듯 우리 곁을 떠나간 사람, 또 다른 세상에서 다시 태어날 수 있다면 못다 준 사랑 가득 담아 주고 싶습니다. 이런 내 마음 다 전할 수는 없지만, 저의 기억 속에 그들이 머물러 있는 한 언제까지나 사랑할 것입니다.

새벽바람이 시린 기억들을 들춰내고 달아납니다. 아직은 곤한 잠에 취해 계실 어머니, 먼 훗날 잊힌 기억들과 마주쳤을 때 더는 아파하지 않기 위하여 추억의 갈피를 접습니다.

명경대

초등학교에 다니는 손녀딸이 학교에서 미술 시간에 만든 거라며 종이공예로 예쁘게 꾸민 거울을 들고 왔다. 백색의 윤기 나는 종이를 리본 모양으로 접에 거울테두리에 빼곡히 돌려 붙이고 그 위에 구슬이 달린 단추를 박아 만든 작고 예쁜 벽걸이용 거울이다.

못을 찾아다가 아이 키 높이 만큼에 걸어주니 틈만 나면 거울 앞에서 서성거리는 폼이 제 손으로 만든 거울이 제 딴에도 꽤 신통해 보이는 모양이다.

"거울 좀 그만 들여다봐라. 조그만 가시나가 뭔 거울을 그리 들여다보누, 뭐가 될라고."

내가 한소리 하자 입을 비죽 내밀며 멋쩍은 듯 물러나 앉는다.

계집아이라서인지 별나게 멋 부리기를 좋아하는 아이를 바라보다가 거울 들여다보기를 유난히 좋아하는 친구의 얼굴이 떠올랐다.

성격이 지나치게 깔끔하다 싶은 그 친구는 현관을 나설 때나 들어설 때나 거울 속에 비친 제 모습을 습관처럼 살펴보고 나가는 친구다. 어쩌다 모임 자리에서 만나 자리가 파할 무렵이면 꼭 거울을 꺼내 들고 얼굴을 비춰본 뒤에야 일어선다. 행여 입언저리에 음식물이 묻었는가 싶어서 그런다지만 세상사 덤덤히 살아가는 우리 중년의 모습과는 어쩐지 어울리지 않는 사람처럼 느껴질 때도 있다.

어느 날 그녀에게 "그 나이에 만날 거울 들여다볼 일이 뭐가 있느냐?" 하니, 거 무슨 당치 않은 소리냐는 표정이다. 그러면서 하는 말이 "죽어서 육신이 삭아지면 영혼이라도 내 모습을 기억하라고 그런다, 왜?" 하며 웃었다. 집으로 돌아와 나도 그녀처럼 거울을 들여다보았다. 그런데 방금 본 거울 속의 내 모습을 떠올려보려 해도 생각이 나지 않는 것이었다. 방금 본 모습도 기억이 안 나는데 어떻게 영혼의 거울을 생각했을까?

불가에서 말하기를 사람이 죽으면 저승길 입구에 살아생전 자신의 모습을 비춰보는 거울이 있어서 그가 한 선과 악의 정도에 따라 천당과 지옥으로 나뉘어 간다고 한다. 이 거울을 명경대라 하였다. 하지만 인간은 살아생전에도 명경대를 지니고 사는 것이란 생각이 든다. 우리 마음속엔 자신을 가늠할 수 있는 양심이란 것이 있으니 그게 명경대가 아닐까.

명경대에 관한 아주 흥미로운 전설이 있다.

아주 오랜 옛날에 석봉만이라는 사람이 살고 있었다고 한다. 그가 어느 날 갑자기 죽어 염라대왕 앞에 붙잡혀오게 되었는데. 염라대왕이 그에게 물었다.

"네 이놈, 이승에서 무슨 죄를 지었는지 낱낱이 고하여라."

그러나 살아생전 착하게만 살아온 석봉만은 털어놓을 죄가 없었다.

"염라대왕님! 저는 아무 죄도 지은 것이 없습니다."라고 대답했다.

"이놈! 여기가 어디라고 큰소리를 치느냐. 거짓말하면 용서치 않을 줄 알아라."

사자를 시켜 명부를 살펴보게 했지만 석봉만에겐 죄가 없었다. 다시 명경으로 그의 전생을 비춰 보았지만 깨끗하였다. 그러자 석봉만은 죄 없는 사람을 이렇게 불러다 놓고 문책하는 처사는 매우 부당하니 다시 이승으로 보내 달라고 간곡히 청하였다. 이에 당황한 염라대왕이 "너는 명부에 잘못 오른 것이 사실이니 인간 세상으로 돌아가도 좋다. 어서 물러가거라." 하고 말했다. 사자는 어쩔 수 없이 그의 팔을 풀어주고 저승문 밖으로 내보냈다는데 인간 세상에 다시 나와 보니 바로 내금강 명경대 앞이었다고 한다.

사람은 누구나 자신의 모습을 비춰 볼 양심의 거울을 지니고 산다. 마음을 닦으며 사는 사람의 명경대는 깨끗할 것이고, 나쁜 시류에 편승하여 남을 해롭게 하며 사는 사람의 거울은 혼탁할 것이다. 언젠가는 이승을 떠나 저승의 명경대 앞에 섰을 때 나의 모습은 어떤 모습일까. 한 번쯤은 음미해 볼 필요가 있는 전설이라 생각된다.

거울을 들여다보고 있는 아이에게 "겉모습만 거울에 비추지 말고 마음을 비추는 거울도 하나 간직하고 살아라." 하니 무슨 소린가 하여 눈이 휘둥그레진다.

고개를 낮추니

시골로 처음 이사 왔을 때만 해도 나는, 마을 밖으로 나갈 일이라도 있으면 양산을 곧추세우고 곁눈질 한 번 없이 앞만 보고 다녔다. 피부가 농사꾼처럼 시커멓게 탈까 봐 그런다고 핑계를 댔지만 내 마음 한쪽에는 시골 사람들에 대한 도시인의 고자세가 잠재해있었나 보다. 돌이켜보면 잊어버리고 싶도록 부끄러운 기억이지만 그건 참으로 어처구니없는 오만이었다. 당시 나는 집안으로 흙을 묻혀 들이는 것이 싫어서 현관 밖에서 신발에 묻은 흙을 털어내느라 폴짝폴짝 뛰다 들어서곤 했는데, 칠십여 가구가 오밀조밀 들어앉아 있는 마을 중심에서 벗어나 산 밑에 외따로 떨어져 있는 우리 집은 낯가림이 심한 내 성격과 잘 맞는 곳이기도 하였다. 찾아오는 이도 별로 없는 집에서 바람에 자그락거리는 나뭇잎 소리를 벗 삼으며 한동안은 전원생활의 느긋함에 젖어 지냈다. 하지만 그것도 일상이 되고 보니 슬슬 무료해지기 시작했다. 마주 앉아 정담을 나눌 사람이 그리워지기 시작한 것이다.

이웃도 모르고 살아가는 도시와 달리 농촌에서는 마을에 애경사가 있으면 아낙들이 모여 자기 집 일처럼 팔을 걷어붙이고 돕는다. 어느 날 마을노인이 돌아가셨다고 우리 집에도 부고장이 날아들었다. 얼굴도 한 번 본 적 없는 노인의 죽음이었지만 조문을 갔다. 낯도 서먹한 상주에게 잠시 예를 올린 뒤 부조금을 제대 앞에 놓고 나왔지만 모두 제 할 일 바쁜 탓인지 마을 아낙들은 나를 보고도 본숭만숭하였다. 수고한다는 인사치레라도 하고 싶었지만 않던 짓을 한다는 것이 멋쩍기도 하여 한쪽 구석에 죽은 말 지키듯 얌전히 앉아있다 돌아 나온 게 다였다.

사람은 환경에 맞춰 살아야 하는 거라고 누가 말했던가. 스스로 고립되어 섬에 들어앉기를 자청하니 길 잃은 외기러기 신세였다. 나 스스로 왕따 노릇을 자청하고 있었던 것이다. '도시 사람은 뭐 달나라에서 온 사람인가. 어울려 살아야 편한 법이거늘 잘난 척 유세 떨다가 뒤통수에 종주먹이나 안 당하면 다행이겠다.' 뒤늦은 깨달음이 왔다.

어느 날부턴가 서너 정거장 너머에 있는 종자 상에 고장 난 분무기 통을 짊어지고 고치러 갔다 오기도 하고 고랑에 퍼더앉아 호밋자루를 틀어잡고 밭 가는 흉내도 내보았다.

마을 애경사에도 자발적으로 참여하였다. 부녀회 하는 날 강아지만 한 우리 집 수탉을 두 마리씩이나 잡아 진상도 했다. 그동안의 고자세가 급전직하를 한 것이다. 점점 헐렁한 통 바지가 편해지기 시작했다. 묻혀들어 온 흙들로 현관이 지저분해지는 날이 늘어갔다. 이제는 제법 촌 아낙 티가 난다고 생각될 무렵 친구가 놀러 왔다가 내 모양을 보고 한마디 했다. '고무줄 바지 입다 보면 드럼통 허리 되는 건 삽시간이야!' 하지만 이 시골구석에 내 허리 눈여겨볼 사람 있는 것도 아니고 나만 편하면 됐지 뭔 대수냐! 라고 대꾸했다.

그동안 나도 참 많이 변해있었던 모양이다.

그렇게 세월이 흐르다 보니 어느새 내 허리는 위아래 없이 펑퍼짐한 절구통이 돼 버렸고 곱던 손마디는 거칠어져 삽질하는 노동자처럼 변했다.

하지만 어떠랴. 이웃집 닭 쳐다보듯 하던 마을 사람들과 농담도 슬쩍 주고받을 만큼 가까워져 외롭지 않고, 형님, 아우님 불러가며 정을 나누니 이것이 사람 사는 맛 아니겠는가. 고개를 낮추니 이웃이 보이고 나 자신이 보인다. 그래서 옛 어른들이 말씀하기를 모름지기 사람은 어울려 살아야 한다고 했나 보다.

우체통을 열어보니 낯선 봉투가 들어있다. 마을 대동계에 꼭 참석하라는 통지문이다. 저녁나절 이장 안사람의 카랑카랑한 목소리가 전화선을 타고 들려왔다.

"통지문 받으셨지요? 대동계에 꼭 나오세요. 꼭이요."

다음날 아침 일금 일만칠천 원을 봉투에 담아 대동계가 열리고 있는 마을회관으로 향했다. '리세'인 일만칠천 원은 쌀 한 말 값으로, 주민들이 한 해 동안 고생한 이장에게 주는 수고비다.

흑장미 사연

눈에서 멀어지면 마음에서도 멀어지는 게 정이라 한다. 살아생전 정이 남달랐던 부부라 해도 배우자가 세상을 떠나고 나면 세월 속에 그리움도 멀어지기 마련이건만 내가 만난 박 노인의 아내 사랑은 좀 특별해 보였다.

내가 박 노인을 처음 만난 것은 주민들이 여가를 활용할 수 있도록 군에서 배려한 복지회관 서예실에서였다. 이웃의 소개로 등록을 하게 되었는데, 말년을 보람 있게 보내려는 나이 지긋한 노인들이 대부분이었다. 그중에 제일 연장자가 박 노인이었는데 그는 서예실에 들어서면 으레 웃옷을 벗어 옷걸이에 걸어놓고 러닝셔츠 바람으로 글을 썼다. 어떤 날은 누렇게 색이 바랜 구멍 난 러

닝을 입고 올 때도 있었는데 여자 수강생들이 눈살을 찌푸리건만 아는지 모르는지 전혀 개의치 않는 듯 보였다. 그는 또 귀에 늘 이어폰을 꽂고 있어서 누가 뭐라고 해도 얼른 알아듣지를 못했다. 누가 큰소리로 "선생님" 하고 부르면 이어폰을 빼며 "날 불렀어?" 하고 되묻곤 했다.

내가 수필을 쓴다는 걸 알았는지 어느 날 내게 흑장미 사연을 아느냐고 불쑥 물었다. 젊은 사람도 아닌 팔순노인의 입에서 나오기엔 어쩐지 어울릴 것 같지 않은 말에 어리둥절하여 쳐다보니 오래된 신문지 한 장을 꺼내어 내 앞으로 불쑥 내밀었다. 그가 내민 낡은 일간지에는 흑백으로 찍힌 노부부의 모습이 커다랗게 실려 있었다. 사진 속 그의 아내 얼굴이 참으로 고왔다. 다소곳이 앉아 눈을 내리깔고 발치를 내려다보고 있는 모습에서 옛 여인의 고상한 자태가 느껴졌다. 노인의 아내가 살아있을 때 모 신문사에서 치매에 걸려 고생하는 아내를 간병하는 노인의 남다른 부부애를 취재해 올린 기사라고 했다. 아내와의 추억을 잊지 않으려 기사를 스크랩해둔 것 같았다.

하루는 노인의 집에 들를 일이 있어 같은 차를 타고 가게 되었다. 그런데 집으로 향하는 그 짧은 시간에도 종이로 무언가 열심히 접는 것이었다. 무엇을 접느냐고 물으니 장미를 접는 것이라고 했다. 팔십이 넘은 노인이 종이로 장미를 접고 있다니, 기이하다는 생각이 들어 노인의 행색을 슬며시 훑어보았다. 가슴에 늘어진 이어폰 줄에 장미 두 송이가 매달려있는 것이 보였다. 그것도 한 송이는 검정종이로 접은 흑장미였다. 왜 한 송이는 흑장미냐고 물으니 "이건 우리 마누라야." 하고 큰 소리로 대답했다. 그러면서, 살아생전 아내가 음악을 좋아했다는 말도 덧붙였다.

얼마쯤 달렸을까. "저기가 우리 집이야." 하는 노인의 손끝을 따라 바라보니 논밭으로 둘러싸인 낮은 언덕에 지은 지 오래돼 보이는 허름한 이층집이 모습을 드러냈다. 집으로 들어가는 입구 한쪽에 오랫동안 손이 안 간 낡은 비닐하우스의 찢어진 비닐조각들이 너풀거렸다. 내가 그곳을 바라보자, 아내가 살아있을 때 병든 아내의 치료를 위하여 자신이 직접 버섯을 재배했던 곳이라고 말했다. 대문도 울타리도 없는 마당에 안주인의 부재를 증명하듯 잡동사니들이 뒹굴었다. 밭 가운데 덩그러니 서 있는 집은 사람이 살고 있다는 느낌이 안들 정도로 기괴한 느낌을 자아냈다. 바람이 불 때마다 두서없이 돋아난 마당의 잡초들만 흐느적거렸다.

"이웃도 없이 적적해서 어떻게 혼자 사세요."

내 말에 "아! 마누라가 있는데 왜 외로워요."라고 큰소리로 대답했다. 그러면서 이어폰 줄에 매달려 달랑거리는 흑장미를 흔들어 보였다. 생전에 음악을 좋아했다는 아내와 같이 음악을 듣는 것이라며 이어폰 줄에 흑장미를 달고 다니는 노인. 종이꽃의 붉은색과 검은색이 묘한 대조를 이루며 그가 걸을 때마다 가슴에서 사이좋게 달랑거렸다.

비록 이승을 떠났어도 노인의 아내는 행복한 여인이구나! 라는 생각이 들었다. 장미를 몇 개나 접었느냐고 물으니 이만 개가 목

표라며 빙긋이 웃었다. 집 안으로는 안 들어가 봤으니 알 길은 없지만 모르긴 해도 그의 침대 머리맡엔 사랑의 붉은 장미가 수북하리라. 노인의 지고지순한 사랑이 하늘에 닿았음인가. 집으로 돌아오려고 발길을 돌리려는데 집 둘레를 감싸 안고 있는 둑 너머에서 아카시아 꽃향기가 바람을 타고 날아와 코끝을 간질였다. 마치 그녀가 보내는 향기만 같아서 나도 모르게 크게 숨을 들이켰다.

잉꼬 새 짝을 만나다

마당 한가운데 떡 버티고 서있는 늙은 호두나무 가지에 매달아 놓은 새장 속에는, 짝 잃은 수컷 잉꼬 한 마리가 있었다.

짝을 채워줘야지 하면서도 새 장사를 만나기가 싶지 않아 이제 나저제나 하며 지낸 것이 일 년이란 세월이 후딱 지나가 버렸다. 하긴 혼자 있어도 어찌나 수다를 떠는지 지난해 겨울 집안으로 들여놓았다가 이 잉꼬울음소리에 눈을 뜬 적도 여러 번이었다. 그래서 별로 외롭지 않은가보다 하고 크게 신경을 쓰지 않고 있었는데 장날 우연히 새 장수를 만나게 되어 암컷 한 마리를 사 들고 와 짝을 채워주게 된 것이다.

짝 잃은 지 일 년 만에 비로소 새 장가를 가게 된 셈이다. 그런데 새들도 낯가림을 하는지, 아니면 상대방에 대해 탐색을 하는 것인지 영 곁을 주지 않고 서로 경계하는 눈치였다. 심지어 상대를 부리로 쪼아대기까지 했다. 그래서 혹시 마음에 안 들어 그러는가, 아니면 암수구별을 잘못하고 사 왔나 내심 걱정이 되기 시작했다. 그랬었는데, 며칠이 지난 오늘, 다시 바라보니 언제 그랬느냐는 듯이 바투 앉아 쉴 새 없이 입을 맞춰가며 애정표현을 하고 있는 것이 아닌가. 사람이 가까이 가도 모르쇠로 일관하며 애정 표현을 하니 홀로 지낸 지난 일 년이 얼마나 억울했을까.

아침마다 일어나 떨던 수다는 외로워 토해내던 울음소리였던가 보다. 혼자 있는 게 보기 애처로워 날려 보내자고 했을 때 사람 손에 길든 새는 방사 되어도 잘 살지 못할 거라며 식구들이 반대했었는데, 말 못하는 새가 나를 얼마나 원망했을까.

이태 전 마을 들어오는 길가 백여 평 밭에 허름한 컨테이너 한 채가 들어서더니 늙은 부부가 들어와 알콩달콩 살림을 차리기 시작했다

둘 다 상처한 몸으로 말년에 만나 살림을 시작한 것이라 한다.

난방시설도 제대로 되어있지 않은 컨테이너에서 추운 겨울을 어찌 날까 싶었는데 내 생각을 비웃듯 이른 아침이면 도로 한쪽을 차지하고 온 동네가 떠나가라 깔깔대며 배드민턴 채를 휘두르곤 하였다. 그 모습은 우리 집 잉꼬가 떠들어대던 수다만큼 시끄럽게 들렸다. 해서 아침 운동 때 그곳을 지나다 마주치면 눈살이 절로 찌푸려지곤 했다. 그 노부부가 거처하는 컨테이너 뒤쪽 조

그마한 텃밭에는 바깥노인의 먼저 죽은 아내 무덤이 있는데 영혼이라도 얼마나 질투가 날까 싶어 나도 모르게 마음이 불편해지곤 했다.

그런데 초가을부터 땅을 다지더니 집을 짓기 시작하는 것이었다. 둘이 살 집이니 그냥 자그마하게 지으려니 했는데 웬걸, 널찍하니 이 층까지 올린 붉은 벽돌집을 지었다. 집 둘레엔 석축을 쌓아 형형색색의 꽃도 심고, 볏짚으로 이엉을 엮어 올린 아담한 새장도 만들어 이름도 알 수 없는 아름다운 새도 기르기 시작했다.

집은 여자가 지은 것이라는 말이 돌았다. 남자는 땅만 있지 집 지을 돈은 여자가 댔다는 것이었다. 어느 날 그 집 바로 곁에 밭이 있는 이웃 아낙이 말하기를 "아니, 돈 있으면 그냥저냥 쓰면서 살지 뭐하러 늘그막에 남자 만나 사느냐?"라고 했더니, 그녀가 멋쩍어 웃으며 하는 말이 "외로워서, 외로워서 그랬어요."라고 하더란다.

외로움은 인간의 수명을 단축하게 한다고 한다. 타인으로부터 소외될 때 인간의 뇌는 육체적인 고통을 느낄 때와 똑같은 반응을 보인다는데 외로움을 잘 타는 사람일수록 면역 항체를 만드는 유전자의 움직임이 저하되고 질병을 유발하는 특정 인자가 과도하게 활성화가 된단다.

퓰리처상과 노벨상을 받은 헤밍웨이도 외로움 때문에 자살을 했고 영국의 황태자비였던 다이애나도 외로움을 견디지 못해 스캔들을 뿌리며 다니다가 사고를 당한 것이라니 외로움은 견디기

어려운 마음의 질병 같은 것인가 보다.

사람뿐 아니라 애완견도 홀로 방치해두면 우울증에 걸린다고 하는데 어찌 새라서 다르랴.

온종일 바투 앉아서 사랑놀이를 하는 잉꼬를 바라보며 지난 일 년 간 홀아비를 시킨 나의 무지를 반성해 본다.

바이오 패티

핑크빛이 도는 약병을 들여다보며 손녀딸이 입맛을 다신다. 아이들이 먹기 좋게 조제한 시럽형 약은 달짝지근해서 약이라는 생각이 안 드는 모양이다. 약이라면 고개가 절로 흔들어지는 나는 약 좋아하는 내 아이들이 신기할 따름이다.

웬만한 병은 버티기 작전으로 밀고 나가는 나도 어려서는 몸이 몹시 허약하여 병원 문이 닳도록 드나들며 성장을 했다. 그 탓에 약 모양으로 만든 과자만 보아도 고개가 절로 돌아간다. 약 먹기가 죽기보다 싫어서 아버지 몰래 하수구에 버리고 시치미를 뚝 뗀 적도 많다.

그 기억 때문인지 지금도 웬만해선 약을 먹지 않는다. 그런데 이런 나와는 반대로 몸에 좋다면 개똥도 마다하지 않을 노인이 있다. 바로 조카딸이 살고 있는 아파트의 이웃 노인이다. 오래 살고 싶어서였을까. 아니면 세상사는 동안이라도 자신의 건강 때문에 자식들에게 폐가 안 되게 하고 싶은 마음 때문이었을까.

노인의 방에는 늘 약 보따리가 떠나지 않는다.

이 노인에게는 대학에 다니는 손자가 있는데 어느 날 바이오 팬티라는 것을 사 들고 와 식구들 앞에서 자랑을 하게 되었다. 팬티에는 납작납작하고 동글동글한 바이오라는 것이 접착돼 있었다. 가만히 듣고 있던 노인이 손자에게 불쑥 물었다. '바이오가 뭐냐?' 그러자 손자가 팬티를 할머니 눈앞에 바싹대고 말했다.

"아 이거요, 여기 이렇게 붙어있는 것이 바이오라는 것인데요, 이게 몸에 좋은 거예요."라고 대답했다. 그리고는 모두 잠자리에 들었는데 다음날 아침 손자가 일어나 바이오 팬티를 입으려고 찾아보니 감쪽같이 사라지고 없었다. 분명히 책상 위에 놔두고 잠이 들었는데 팬티는 하늘로 솟았는지 땅으로 꺼졌는지 흔적이 없었다.

그러다 혹시나? 하는 생각에 할머니의 방문을 살그머니 열어본 순간 손자는 털썩 주저앉았다. 그토록 법석을 피우며 찾아다니던 팬티가 할머니 머리 위에 동그마니 올라앉아 있는 것이 아닌가. '아니! 할머니 그 팬티를 왜 머리에 뒤집어쓰고 앉아있어요.'

손자의 짜증 섞인 말에 할머니 왈. "아! 몸에 좋다며, 요즘 내 머리가 자꾸 지끈거려서." 하더란다.

그 후 노인의 머리가 바이오 팬티를 뒤집어쓴 덕에 나았는지는 알 수 없지만, 약을 맹신하는 사람들을 보면 문득 그 노인이 생각나곤 한다.

산다는 건

새벽을 여는 발걸음 소리가 부산하게 울려 퍼질 즈음이면 지하철 역사를 오르내리는 내 발길도 따라서 바빠졌다. 몇 번에 걸쳐 물건을 이고 나르면 숨은 턱에 찼고 검표원의 따가운 눈초리가 뒤따라 올 것만 같아 허둥지둥 지하철에 오르곤 하였다. 돌아와 어둑한 가게 앞에 서면 추위는 어느새 사라지고 등에는 끈끈한 땀이 흘렀다. 일터로 향하던 남편이 걸음을 멈추고 안쓰러운 눈길로 쳐다보았다. 그 눈에 미안함이 잔뜩 배어있다. 다녀오란 인사도, 미안하단 인사도 눈으로만 나눈 채 그는 일터로 향하고 나는 가게에 불을 밝혔다.

"아침이나 먹고 가는지."

다 식어 온기도 사라졌을 밥상을 보며 무슨 생각을 하였을까. 걸어가는 그의 등에 대고 중얼거렸다.

"여보, 힘내!"

힘내라는 말, 나 자신에게 하는 소리이기도 했다.

지하로 내려가는 층계 중간쯤에 자리 잡은 가게는 창문이 없어 한낮에도 어두컴컴했다. 희미한 형광등 한 개가 동그마니 내려다보고 있는 서너 평 가게에서 나는 날마다 재봉틀을 돌렸다. 손에 익숙지 못한 공업용 재봉은 속도가 빨라 툭하면 손가락을 찔러댔다. 새빨간 피가 송골송골 배어 나오는 손가락을 들여다볼 때마다 가슴에선 눈물이 흘렀다. 찔린 손가락보다 더 아픈 건 마음이었다. 하지만 찔린 손가락을 들여다보며 살아갈 용기를 내었다. 돌아보면 절망뿐이었지만 앞을 보면 희망처럼 아이들 얼굴이 보였다. 내 아이들, 아이들의 앞길을 위해서는 앞만 보고 달리리라 이를 악물었다.

어느 날 아이가 봉투 하나를 삐죽 내밀었다. 봉투를 내민 아이는 죄인처럼 고개를 푹 숙이고 말이 없었다. 열어보니 대입합격 통지서였다. 장하다. 내 아들! 그러나 그 말을 입 밖으로 내지 못했다. 기쁨보다 걱정이 먼저였다. 가슴이 덜컹 내려앉으며 등록금 마련할 생각에 가슴이 답답했다.

"한해만 더 있다가 들어가면 안 되겠니?"

어미 말에 고개를 푹 수그리는 아이 얼굴에 수심이 가득 묻어났다.

"알았어, 알았어! 내 어떻게든 해볼게."

일 년여를 부어왔던 적금을 깼지만, 등록금은 턱없이 모자랐다. 할 수 없이 손 내민 곳이 십수 년을 함께했던 남편의 친목모임이었다. 그동안 여축했던 회비에서 다만 얼마라도 융통해 주십사고 청을 넣었다. 하지만 돌아온 건 거절이었다. 망해버린 우리에게 모두가 보증을 서길 거절하였던 때문이었다. 난 그때 절망했다. 돈 때문이 아니었다. 세상을 헛살았다는 자괴심에 미칠 듯이 가슴이 아팠다.

"당신 그것밖에 안 됐어? 친구들한테 그 정도의 존재밖에 안 됐어?"

쉴 새 없이 남편에 대한 원망이 터져 나왔다.

간신히 등록금 마련이 되어 아이는 입학식을 치렀지만, 남편은 친구를 버려야 했다. 이 세상에 단 한 사람의 진정한 친구만 있어도 행복한 사람이라는 생각을 그때 비로소 하게 되었다. 남편의 사업이 잘 나갈 땐 그리도 다정하던 사람들이 망하고 나니 이렇게 변하는구나 싶어서 억장이 무너져 내렸다. 이를 악물었다. 우리를 외면한 사람들에게 복수하는 길은 열심히 사는 길이라고 생각했다. 하늘은 스스로 돕는 자를 돕는다는 그 말을 수없이 가슴에 새기면서 앞만 보고 달렸다. 세월이 가니 생활도 점차 안정을 되찾게 되었고 힘들었던 지난날을 돌아보며 옛말도 할 수 있게 되었다.

멀어졌던 남편의 친구들에게서도 하나둘 연락이 오기 시작했다. 두 번 다시 보지 않으리라 마음먹었던 사람들. 십 년 세월에도 앙금이 풀리지 않아 고개를 내젓는 내게, 세상은 혼자 살 수 없는 것이라고 남편이 나를 다독였다. 사람들은 말한다. 용서하는 것이 이기는 거라고, 죄는 미워도 사람은 미워하지 말라고. 가슴속을 가로막고 있는 그 벽을 깨는 것 또한, 우리가 살아가는 방법이라고. 하지만 말은 쉬워도 가슴으로는 안 되는 걸 어쩌랴. 오늘도 나는 가슴 한구석에 남아있는 앙금을 다 풀어 버리지 못한 채 그들과 만나고 있다. 산다는 건, 이런 거라고 자신을 위로하면서.

잊는 연습

마을을 향해 언덕을 넘어오는 차 소리가 들려온다.

오랫동안 들어온 귀에 익은 소리건만 매번 내 가슴은 콩닥질을 친다. 세월이 이만치 흘러 잊힐 만도 하건만 어제 일인 듯 가슴을 치며 들려온다.

가슴속 생채기를 들어내는 일에 나는 익숙지 못하다. 그건 아픔을 동반하니까. 혹여 그가 보일까 봐 얼른 돌아서서 먼 하늘을 올려다보았다.

십 년도 넘게 타고 다녔을 낡은 스타렉스를 끌고 그가 마을로 들어서는 것을 목격한 날이면 나는 온종일 우울하다. 차라리 새로 샀다는 은색 자가용으로 바꿔 타고 오면 소리가 낯설어 신경이 덜 쓰이련만. 생각을 자꾸 다른 곳으로 돌리려 해도 그게 뜻대로 되지 않으니 나 자신에게도 화가 치민다.

차를 몰고 들어간 그가 자신의 비탈진 과수원 어딘가에서 서성대고 있을 것이다. 미움을 덮어버리자고 매번 다짐하면서도 내 의식은 자꾸 앞산 과수원 자락을 더듬고 있다. 그곳을 보지 않으려 애써 고개 돌리며 나도 모르게 눈물이 주르르 흘러내렸다.

왜 나만 이렇게 고통스러워해야 하는지 정말 알 수가 없었다. 너무도 태연히 내 앞을 지나다니는 그가 미워서 길을 막아 버리려고 생각한 적도 있었다. 왜 하필 내 집 앞으로 드나드는 길이 났을까. 그것도 우리 땅 한 자락을 잘라서.

오늘도 그는 잊고 싶은 아이의 기억을 낡은 자동차에 싣고 달려와 내 앞에 풀어놓고 갔다. 눈을 감아도 눈을 뜨고 있어도 그리움으로 다가서는 아이. 점심도 거른 채 친구와 나간 아이는 그 헛헛한 속을 채우지도 못한 채 그의 너른 과수원 한쪽에 파놓은 웅덩이에 빠져서 먼 길을 떠나갔다. 저 먼 천국 어딘가에서 아이는 지금도 같이 떠난 친구와 놀고 있을까.

강변을 돌아 집으로 향하는 버스를 탈 때면 나는 눈을 꼭 감는다.

차창 밖 다리 밑으로 소용돌이치며 흘러가는 강물은 과수원 연못 위에 주검이 되어 떠올랐던 아이를 생각나게 한다. 그 참담했던 기억을 지우려 습관처럼 눈을 감는다.

아이를 향한 그리움의 끝자락엔 과수원집 남자가 늘 고개를 숙이고 서 있다. 그도 나처럼 괴로웠을까. 그래서 앞만 보고 다녔을까. 아마 그랬을 거야, 차마 나를 똑바로 바라볼 수 없었을 테니까. 오늘도 그는 지우지 못한 기억들을 일깨우며 멀어져간다. 나는 또 눈을 질끈 감는다. 고통을 벗으려 잊는 연습을 하는 중이다. 그도 나처럼 잊는 연습을 하고 있을까.

중용

“아! 그러니까 짐승이지, 사리분별 알면 사람이게!”

화가 치민 이웃 노인이 들어보란 듯 큰소리를 지르며 걸어간다. 발걸음이 몹시 터벅거리는 거로 봐서 어지간히 화가 치민 모양이다. 웅성거리는 소리에 나와 서 있던 나는 무슨 일이 있는가 하여 눈이 휘둥그레졌다. 너더댓 발자국 떨어진 곳에서 동네 아낙 둘이 주고받는 소리가 조그맣게 들려왔다.

“나 같아도 화가 나겠구먼, 똥 싼 놈이 큰소리친다더니 도리어 성질을 내고 가네!”

너른 밭을 사이에 둔 이웃 과수원집에서 검정돼지를 기르기 시작한 건 그리 오래전 일이 아니다.

과수원 끝자락 자투리땅에 허름한 판자를 얼기설기 엮어 막을 짓더니 검정돼지 한 마리를 사다 기르기 시작했다. 돼지는 얼마 지나지 않아 새끼를 낳았는데, 열두 마리 중 아홉 마리가 살아남아 돼지는 모두 열 마리가 되었다. 좁은 울안에서 열 마리의 돼지가 배설하는 오물 냄새가 이웃까지 날아들었다.

무더운 여름 날씨에 파리도 들끓었다. 하지만 시골농가에서 몇 마리의 돼지 사육은 비록 냄새와 파리를 날린다 해도 이웃들 간에 그다지 큰 시빗거리는 아니다.

사달이 난 것은 어미돼지가 새끼들을 몰고 좁은 울을 뛰쳐나와 이웃집 밭을 마구 파헤쳐놓았기 때문이었다. 며칠 전에도 같은 일이 발생하여 마을 사람들이 돼지를 몰아넣느냐고 법석을 피운 일이 있었다. 그때는 다행히 빨리 발견이 되어 피해 없이 넘어갔는데, 야밤을 틈타 다시 뛰쳐나온 열 마리의 돼지가 이웃집 땅콩밭과 고구마밭을 마구 파헤쳐 놓은 것이다.

돈으로 따지면 몇 푼 되지 않겠지만, 그동안의 애쓴 보람이 하루아침에 날아가 버렸으니 속이 상할 건 뻔한 이치였다. 피해를 본 집에선, 오늘이나 와서 사과할까, 내일이나 와서 사과할까 기다렸지만 아무런 말이 없자 드디어 화가 치밀어 고발을 하기에 이른 것이라 했다.

누가 봐도 엄연히 돼지 기르는 집이 잘못한 것이니 응당 사과를 하는 게 당연하다는 생각이었다. 그런데 돼지를 기르는 집에선 아들을 보내 사과를 했으니 된 것 아니냐는 반응이었고 손해를 본 사람들 입장에서 당연히 보상해 줄 것을 기대했으나 삐쭉 아들만 보내 말로 사과만 했으니 그게 무슨 사과냐며 맞대응하였다.

그러자 돼지 집 노인은 아들을 보내 사과했으면 됐지, 무슨 사과를 또 하느냐며 핏대를 올렸다. 그러자 이웃들도 두 패로 나뉘었다. 넓지도 않은 밭인데 이웃끼리 대충 하고 넘어가리라는 쪽과 작아도 농사는 농사니 당연히 보상을 해야 한다는 쪽으로 갈린 것이다.

나 또한 보상을 해줘야 한다는 쪽으로 마음이 기울었다. 그런데 문제는 보상금 액수였다. 망가진 땅콩밭은 거두어 봤자 한 말이나 나올까 말까 하였고 고구마밭도 그리 넓지 않아 수확을 한다고 해도 두세 가마니 정도 나오면 잘 나왔다 싶을 정도의 밭이었다. 액수로 따져도 그리 큰 액수는 아니었는데 보상금을 무려 삼백만 원이란 액수를 청구하였다. 이유인즉 그동안의 정신적 피해보상을 합해서라고 하였다. 그러자 이제껏 피해당한 집을 두둔하던 사람들도 너무한다는 쪽으로 기울어 너희 일이니 너희가 알아서 하라는 식으로 무관심해지기 시작했다.

어느 날 읍내에 가려고 정거장에서 버스를 기다리고 있는데 과수원집 아들이 차를 몰고 나가다가 나를 발견하곤 다가와 차를 세웠다. 다른 때 같으면 고마운 생각에 얼른 올라탔을 것을, 누구를 기다리는 중이라는 말로 거절을 하고 말았다. 때맞춰 피해당한 집 아낙이 길을 건너오다가 과수원집 아들과 이야기를 나누는 나와 눈이 마주치자 고개를 얼른 돌렸기 때문이었다.

이편도 저편도 들 수 없었던 당시의 상황은 결국 약간의 보상금으로 귀결이 났지만, 그 일을 계기로 중용을 지킨다는 게 결코 쉬운 일이 아님을 깨닫는다.

너나없이 편을 만들어 대척하고 편 가르기를 했다면 마을의 평화는 깨어졌으리라.

세상살이에는 백 프로 옳은 일도 백 프로 그른 일도 없다. 상대방의 자리에 자신을 세우고 돌아보면 이해 못 할 일이 무엇이 있으랴. 다시 찾은 마을의 평화를 바라보며 불편했던 이웃 간의 틈바구니에서 침묵할 수밖에 없었던 마을 사람들의 고충을 헤아려본다.

후회하지 않으려

창문을 흔드는 바람 소리가 너무 커 자리에서 일어났다. 미시령 너머 콘도에 2박 3일 간의 여장을 푼 첫째 날 밤이었다. 20층짜리 타워콘도 14층에 자리 잡은 객실 베란다 창으로 어둠 속에 웅크린 설악의 능선 위로 별빛이 초롱초롱했다. 다음 날 일정을 위해 다시 자리에 누웠으나 거친 바람 소리는 여전히 잠을 밀어내듯 비명을 질러댔다.

폭풍의 언덕은 에밀리 브론테의 소설에만 있는 것이 아니었다. 우리가 여장을 푼 설악도 폭풍의 언덕이었다. 여주인공 캐서린이 아직도 히스클리프를 찾아 헤매는 것은 아닐까. 이 바람의 터, 높은 곳에 방을 내어준 카운터 여자의 곱상한 얼굴을 떠올리며 투덜대다 잠이 들었나 보다. 객실 난방을 어찌나 세게 하였는지 온몸이 땀으로 흥건히 젖어 깨어보니 새벽 다섯 시 반이었다.

설악산은 주말이면 등산객이 많아 차를 대기가 여간 어려운 것이 아니다. 아침을 서둘러 먹고 설악산 입구에 당도하니 주차장은 어느새 만원이었다. 매표소에서 입장권을 사 들고 등산로 방향인 신흥사 쪽으로 걸음을 떼었다. 아침도 든든히 먹고 나와 발걸음이 가벼웠다. 신흥사를 지나 얼마쯤 오르자 흔들바위가 나타났다. 그 앞에서 사진 몇 장을 찍고 계조암을 끼고 나 있는 등산로로 향했다. 울산바위까지 808계단이라고 푯말에 쓰여 있다. 손녀들이 층계를 세며 앞서가더니 지쳤는지 결국 포기를 하고 만다. 전체적인 층계는 그보다 훨씬 많을 텐데, 아마도 울산바위 올라가는 철제 사다리 층계 숫자만을 표기한 것은 아닐까 하는 생각이 들었다. 한 시간쯤 더 오르니 드디어 울산바위가 위용을 드러냈다.

울산바위 올라가는 철제 사다리 앞에서 느닷없이 작은 손녀가 주저앉아 울기 시작했다. 까마득한 사다리를 보자 무서워 도저히 못 올라가겠단다. 경사가 급해 보여 나도 겁이 더럭 났다. 큰손녀의 마음을 넌지시 떠보니 주저 없이 고개를 끄덕였다. 아이의 용기에 나도 힘을 냈다. 남편이 작은 손녀딸의 손을 꼭 붙잡고 서서 "기다릴 테니 둘이서 올라갔다 와." 하며 응원을 보냈다.

큰손녀와 둘이 철제 사다리를 오르기 시작했다. 낭떠러지가 층계 밑으로 아득히 내려다보일 때마다 현기증이 났다. 뒤따라오던 손녀를 앞으로 오게 하고 열심히 층계를 올랐다. 한참을 오르던 아이가 갑자기 겁먹은 얼굴로 뒤를 돌아다보며 "우리 돌아갈까요?" 하고 물었다. 나도 돌아가고 싶은 마음이 굴뚝같았다.

"그래 그만 내려가자."

아이를 향한 내 대답에 내려오던 여자 등산객이 "아니 여기까지 와서 포기하세요?" 하며 내 용기에 불을 질렀다. '그래, 돌아서면 나중에 후회하게 될는지도 몰라.' 언제 내가 다시 이 산에 오를 날이 있을까? 다시 힘을 내고 아이를 격려하며 오르기 시작했다. 철제 난간을 잡은 손에 힘을 주었지만, 몸이 날아가 버릴 것처럼 휘청거렸다. 아이가 모자를 꾹꾹 눌러쓰며 울상을 지었다.

"울산바위 꽉 붙들면 안날아 갈 거야!"

조금은 억지스러운 말로 아이를 다독이며 오르다 보니 어느덧 정상에 다다랐다. 사람들이 손녀를 보며 혀를 내둘렀다.

"너 참 대단하다."

사람들 칭찬에 아이가 뿌듯한 미소를 지었다.

손바닥만 한 정상엔 사람들이 바글바글했다. 바람이 너무 세서 쓰러질 것만 같았다. 뿌연 안개에 가려 단풍든 산의 모습이 제대로 보이지 않았다. 사진 몇 장에 아쉬움을 담고 내려오는 길, 손녀가 기특해 보였는지 마주 오던 젊은이가 귤 두 개를 쥐여 주며 파이팅을 외쳤다.

아이를 뒤에 세우고 내가 앞장서 내려오기 시작했다. 아득한 아래를 바라볼 때마다 몸이 자꾸 휘청거렸다. 앞서 내려가던 여자가 층계에 주저앉아 울기 시작했다. 무섬증에 멀미가 나는 모양이었다. 그녀를 보며 어린 손녀의 담대함에 감사한 마음이 들었다.

울산바위를 무사히 내려와 돌에 걸터앉아 귤 두 개를 나누어 먹으며 내 생애 다시 이 산을 오를 수가 있을까? 중도에 포기했더라면 뒤에 후회로 남았을는지도 모른다는 생각이 문득 들었다. 살면서 얼마나 많은 시행착오를 거쳤던가. 그래도 포기하지 않고 살아낸 세월이 있기에 오늘을 맞이할 수 있었지 않았는가. 이마의 땀방울을 식히며 아이와 나는 마주 보고 웃었다.

마지막 사랑

“애 너 k 생각나니?“

친구에게서 걸려온 밤늦은 전화에 텔레비전 앞에서 졸고 있던 나는 잠이 확 달아났다. 아닌 밤중에 홍두깨라더니 이 밤중에 갑자기 왜 k의 이름을 들먹이는 것일까.

“늦었다. 내일 얘기하자 내일!”

식구들이 신경 쓰여 일방적으로 전화를 끊고 말았다.

자려고 누웠으나 k의 이름 석 자가 머릿속을 뱅뱅 돌았다.

물이 오르기 시작한 앞산의 나무를 건너다보며 이제 곧 피어날 진달래를 그려본다. 그 옛날 버스 정거장에서 얼굴이 파묻히도록 받아본 진달래. 이 세상 태어나 처음 받아본 꽃이 진달래였다.

k가 고향을 다녀오는 길에 마을 뒷산에서 꺾어다 준 진달래 꽃다발은 여름이 다 갈 때까지 뒤주 위에 놓인 작은 단지 안에서 나를 행복하게 해주었다.

어느 해 가을 몸이 몹시 아팠던 나는 시골 외가에서 한 달간을 요양 차 머문 적이 있었다.

추석 무렵이었는데 마을 초등학교에서 축구시합이 열리고 있었다. 동갑내기 막내 이모 손에 이끌려 따라간 초등학교는 낮은 산자락이 병풍처럼 둘러서 있는 작고 아담한 학교였다. 운동장 가에는 아름드리나무가 빙 둘러서서 그늘을 만들고, 한 무리의 청년들이 공을 차느라 여념이 없었다. 그늘 밑에 앉아 구경을 하던 나는 사실은 축구보다 학교에 더 관심이 있었다. 피난처에서 돌아와 잠시 머물렀던 외가에서 잠시나마 다녔던 학교이기 때문이었다.

당시 담임은 남자 선생으로 풍금을 잘 치셨는데 음악 시간이면 내게 곧잘 노래를 시키셨다. "넌 목소리가 참 곱구나!" 하시던 선생님. 어린 시절 잠깐 스치고 간 추억이지만 가슴 한쪽엔 늘 그리움으로 깔렸었다. 굳게 닫힌 교사 주위를 둘러보며 추억을 되짚어 보는데 누군가 말을 걸어왔다. 가무잡잡한 피부에 몸매가 다부진 청년이었다. 낯선 청년이 갑자기 말을 걸어오자 수줍음이 많던 나는 당황이 되어 묻는 말에 제대로 대답도 하지 못하고 황망히 그 자리를 벗어났다.

다음날 저녁, 명절 맞이 노래자랑을 한다는 학교 마당으로 수많은 사람이 몰려들었다.

사람들 틈에 끼어 구경하고 있는 내 등을 이모가 자꾸 떠밀었다. 자의 반 타의 반으로 무대에 올라 노래를 하고 내려왔지만, 등외로 밀려나 상은 아무것도 타지 못했다.

전날 내게 말을 걸어왔던 청년이 사람들 틈에 끼어 나를 지켜보고 있었다.

며칠 뒤 외가로 편지 한 장이 날아들었다. 내 이름을 어떻게 알았는지 그 청년이 보낸 것이었다. 답장도 없이 나는 그냥 외가를 떠나왔는데 서울 우리 집으로 그의 편지가 또 날아들었다. 그렇게 해서 시작된 그와의 인연이 만남으로 발전이 되었다.

나보다 한 살 위였던 그는 고향을 떠나 서울서 대학에 다니고 있었는데 오빠가 없는 나는 그에게 좋은 느낌이 들게 되었다. 당시엔 라디오로 음악 듣는 게 큰 즐거움이었다. 방학을 맞아 고향에 내려가 있을 때면 '정오의 음악 편지'라는 라디오 프로를 통해 내 이름을 불러주던 멋진 사람이었다. 그랬던 그가 갑자기 사라져 버린 사건이 생겼다. 그의 부모가 경찰서에 신고도 하고 사방팔방으로 찾아다녔지만 행방이 묘연했다.

그로부터 연락이 온건 실종 한 달 만이었다.

일본으로 밀입국을 하려고 부산에서 기회를 엿보다가 매형한테 붙들려왔다고 했다.

지금은 법이 바뀌어 동성도 촌수가 멀면 결혼할 수 있지만, 당시엔 법적으로나 윤리적으로나 허용이 안 되는 시절이었다. 그러나 일본은 가능한 나라라고 했다. 일본으로 밀입국해 나중에 나를 불러들여 결혼하려 했다고 말했다.

풋풋한 내 가슴에 첫사랑으로 다가온 그와의 사이엔 동성동본이라는 넘을 수 없는 벽이 가로막혀있다는 것을 왜 미처 깨닫지 못했을까. 얼마 후 그는 입대를 몇 달 앞두고 고향으로 내려가 있었고 나는 마음으로부터 그를 밀어내는 연습을 하며 지내야 했다. 드디어 우리 집에서도 혼담이 오가기 시작한 것이다.

하루는 누가 찾는다기에 나가보니 그가 대문 앞에 서 있었다. 이틀 뒤에 입영하게 된다며 떠나기 전 얼굴이라도 보고 가려고 들렀다고 했다. 오랜만의 만남이 반가웠지만 동행할 수 없는 인연이라면 미련을 두어서는 안 되겠다는 생각이었다.

싱긋이 웃는 그의 얼굴에 대고 매몰차게 던진 나의 한 마디는 "나 결혼하니 이젠 찾지 마라."였다. 그리고는 뒤도 돌아보지 않고 들어와 버렸는데 마음이 편하지가 않았다. 얼마의 시간이 흐른 뒤 그가 갔는지 궁금해 나가보니 말뚝처럼 그 자리에 서 있는 것이었다.

"네 얼굴 한 번 더 보고 가려고 기다렸어."

눈물이 그렁그렁한 얼굴로 쳐다보는 그의 발밑에 영화의 한 장면처럼 꽁초가 수북했다.

얼마 후 그가 월남으로 떠났다는 소식이 들려왔다. 나는 그가 무사히 돌아오기를 마음으로 기도했다. 그가 월남으로 떠났다는 소식이 들려온 지 일 년 후 나는 결혼을 하였다.

남편은 법 없이도 살 수 있을 만큼 순한 사람이었다. 하지만 순한 것과 산다는 것은 별개였다. 욕심만 앞세우고 시작한 사업은 남편의 발목을 휘청거리게 하였고 설상가상으로 첫아이까지 사산하고 보니 삶에 대한 의욕도 나지 않았다.

서른셋에 홀로되신 청상의 시어머니 시집살이 또한 만만치가 않았다. 힘들 때마다 k의 모습이 아른거렸다. k를 버려서, 그의 가슴을 아프게 해서 받는 벌이라는 생각이 들었다.

그에게 등을 돌린 건 내 탓이 아니라고 세상이 만든 법과 윤리 때문이라고 자신을 옹호하면서도 한편으로는 그를 배신해서 받는 벌이라는 생각에 그가 사무치도록 보고 싶어지는 것이었다.

k가 결혼했다는 소식이 날아든 건 큰아이가 초등학교 입학을 앞둔 이른 봄날이었다.

그동안 세월도 많이 흘러서 남편도 튼튼한 직장을 잡아 잘 다니고 있었고 생활도 어느 정도 안정을 찾아 평온한 나날이 이어지고 있을 때였다. 친구가 구청에 볼일이 있어 갔다가 그곳에 근무하는 k의 친구와 우연히 마주치게 되어 소식을 듣게 되었다는 것이다.

그랬었는데…….

세월이 흘러 그도 아이 낳고 잘살고 있을 것이고 나 또한 옛일을 잊었다 생각했는데 느닷없이 들려온 그의 소식에 내가 왜 안절부절못하는지 알 수 없는 노릇이었다. 그냥 그가 어떻게 늙었는지 먼발치로라도 보고 싶은 마음이 슬금슬금 피어오르는 것이었다.

그러던 어느 날, 결혼을 앞둔 딸의 혼수를 보러 가는 길이니 같이 좀 가달라는 친구의 전화에 약속 장소로 향했다.

촉수 낮은 전등이 실내를 은은히 밝히고 있는 커피숍 안으로 들어선 순간, 친구와 마주 앉아 있던 남자가 손을 번쩍 쳐들었다. 어디선가 본 듯한 얼굴이었다. 하지만 쉽사리 떠오르지 않았다. 어정쩡한 모습으로 다가간 내게 "세월이 참 많이 흘렀네요." 그가 손을 내밀며 말했다. k였다. 순간의 당혹감을 어찌 말로 표현할 수 있을까. 그는 k였지만 내가 알던 k가 아니었다.

패기 있던 젊은 날의 그는 어디로 가고 세월의 군더더기처럼 불룩한 배와 번들거리는 이마가 낯설었다. 한때나마 그를 사랑했다는 것이 거짓말처럼 느껴졌다. 아마 그도 나를 보며 같은 생각을 했으리라. 차만 홀짝거리다 돌아 나오는 길, 친구가 물었다.

"어땠어?"

글쎄, 무어라 대답할 수 있었을까. 고개를 젓는 것으로 대신하고 말았다.

사람들은 말한다. 첫사랑은 간직하고 있을 때 아름답다고, 진짜 사랑은 마지막에 찾아온다고. 그 마지막 사랑, 남편의 얼굴을 떠올리자 가슴이 따뜻해져 왔다.

살어리랏다

눈이 시리도록 파란 하늘이 갓 뽑아낸 무처럼 싱싱해 보이던 그 해 가을. 보이는 모든 것들은 한없이 평화로웠지만, 이삿짐 차에 오르는 내 마음은 결코 편안하지가 않았다.

"형! 이참에 아주 시골로 내려와요."

남편의 사업이 부도를 맞으며 살던 집이 채권자들 손에 넘어갔다는 소식을 듣고 달려온 시동생이 한 말이었다. 시동생이 발품을 팔아 찾아냈다는 함석집은 이십여 농가가 옹기종기 들어앉은 작은 마을로, 밤나무가 우거진 낮은 산자락 밑에 외따로이 떨어진 집이었다. 길도 외길이어서 마을을 가로질러 드나들어야 했고, 뒤울안에 우사가 있는 집으로 비워둔 지 삼 년도 넘은 집이라고 했다.

비바람에 삭아 흔적만 남아 있는 나무 대문 기둥 터 안쪽으로 갈 짓자 모양으로 내려앉은 장독대가 을씨년스런 모습으로 놓여 있었고 텅 빈 우사 여기저기엔 말라버린 쇠똥 덩어리들이 뒹굴며 파리가 윙윙거렸다. 시동생이 다가와 말했다.

"형수님, 아쉬운 대로 우선 사세요. 형님 일이 풀릴 때까지는 고생 좀 하셔야지 어쩌겠어요."

굳게 닫힌 거실 유리문은 우리가 반갑지 않은지 꿈쩍도 하지 않았다. 문지방에 쌓인 흙먼지를 긁어내고 힘주어 여니 마주 바라다보이는 주방 창 너머로 뒷산이 훤히 내다보였다.

먼지가 뽀얗게 쌓인 거실은 걸음을 뗄 때마다 도장을 찍은 것처럼 발자국이 선명했다. 두 평 남짓한 좁은 주방으로 들어서며 싱크대를 살펴보니 쥐가 드나들며 갉아낸 모서리가 천연두를 앓은 것처럼 우툴두툴했다. 오랫동안 방치되었던 싱크대는 파리똥이 새카맣게 달라붙어 무늬 구별이 안 될 정도였다. 의자를 찾아다가 기능을 상실해버린 환풍기 안을 살펴보니 쥐똥이 산처럼 쌓여 있었다. 온종일을 허비하며 쓸어내고 닦아내는데 설움이 목젖까지 차올랐다.

쇠스랑으로 긁은 것처럼 우툴두툴해진 거실 한쪽 벽을 스펀지를 사다 덧대고 방치되었던 세월만큼 삭아서 짝짝 갈라지는 장판을 걷어내고 새 장판을 깔았다. 걸음을 뗄 때마다 머리에 달라붙는 거미줄을 모두 털어내고 너덜거리는 벽지를 뜯어낸 뒤 싸구려 벽지나마 새로 바르고 나니 비로소 한숨 돌릴 수가 있었다.

천막으로 덮어두었던 마당의 이삿짐들을 안으로 들이며 바라보니, 무너져 내려앉은 담장 터 너머로 고개 숙인 누런 벼 이삭들이 상큼한 가을바람에 제 몸을 맡긴 채 살랑거렸다. 대문도 없고 울타리도 없는 집이었지만 개 한 마리쯤은 있어야 되지 않겠느냐며 시동생이 포인터 한 마리를 끌고 왔다. 한쪽 눈에 다래끼처럼 붉은 사마귀가 붙어있던 포인터는 사냥용이라서인지 잘 짖지는 않았어도 밤이면 어두컴컴한 시골마당에서 든든한 파수꾼이 돼 주었다. 열흘 뒤, 비어있던 우사에 왕겨를 사다 깔고 소도 다섯 마리나 사다 넣었다.

새벽 다섯 시면 일어나 직장으로 향하는 남편을 배웅하고 나면 소를 돌보는 일은 온전히 내 차지가 되었다. 소를 기르는 일은 간단해 보였지만 경험이 전혀 없는 내가 하기엔 결코 쉬운 일이 아니었다. 더구나 조언을 구할 누가 옆에 있는 것도 아니어서 소를 구하는 일을 남에게만 의존했던 것도 불찰이었다. 다섯 마리 중 한 마리는 무녀리로 다리가 뭉툭하고 몸통도 짧은 불량 소였다. 소거간꾼이 소 사육에 대해 무지한 우리를 우습게 보고 농간을 부린 게 분명했지만, 그냥 그런 소도 있는가 보다 생각했을 뿐 아무런 말도 하지 못했다.

곧 겨울이 다가왔다. 언덕 위에 자리 잡은 집은 바람의 집이었다. 창들이 겨우내 덜컹거렸다. 외풍이 심한 집은 마치 들판에 세운 천막 안에서 자는 것 같았다. 다섯 살 난 손자는 겨우내 감기가 들어 골골거렸다.

사람도 사람이지만 소들도 걱정이었다. 양평의 겨울 날씨는 생각보다 추웠다. 소들이 추위를 견딜까 싶어서 우사 한쪽을 바람막이 구실이나 하라고 보온덮개를 사다 둘러주었는데 그게 불찰이었다. 어느 날부턴가 소 한 마리가 시름시름 앓기 시작하는 것이었다. 수의사를 불러다 주사를 놓아준다, 약을 먹인다, 있는 방법 없는 방법을 다 동원했지만, 소 한 마리 값의 삼분지 일쯤 축을 낸 뒤 결국 죽고 말았다. 어려운 살림에 소 한 마리가 죽었으니 속이 아프다 못해 쓰렸다. 그러나 죽은 소 값 걱정만 하고 있을 수만은 없었다. 소를 치울 일도 걱정이었다. 다행히 십 리 너머에 사는 시누이한테 전화를 하니 동네 이장과 의논해서 가져가겠노라고 연락을 해왔다.

새벽에 경운기에 실려 간 소를 분해했는데 위장 가득 보온덮개가 가득하더란다. 반추동물인 소가 보온덮개를 삭이지 못해 탈이 난 것이었다. 무지가 불러낸 불상사였다.

소를 기르며 가장 힘들었던 건 소똥 치우는 일이었다. 소똥을 치우려면 우사 안으로 들어가야 했는데 나는 도저히 우사 안으로 들어갈 용기가 나지 않았다. 할 수 없이 생각해낸 방법이 소들을 한쪽으로 몰아붙이는 일이었다. 우사 가운데 기다란 쇠 파이프를 가로질러 설치하고 소들을 한쪽으로 몰은 뒤 들어가 치우고 다시 반대편으로 몰아 치우고는 하였다. 소들이 우사 안으로 물어들인 볏짚은 바닥에 깔아 놓은 왕겨와 소똥에 뒤섞여 잘 떨어지지도 않았다. 우사를 치우고 나면 등줄기로 후줄근히 땀이 흘렀다. 이듬해 가을, 추석 무렵 소들을 모두 팔아 없앴는데 사료 값도 다 건지지 못하였다. 이미 예견된 일이었지만 허탈감이 밀려왔다.

그래도 힘든 일만 있는 건 아니었다. 우사 뒤쪽으로 널따란 밭이 있어서 고추를 심었는데 소똥을 거름으로 잔뜩 준 덕분인지 고추농사가 대풍이었다. 고추를 널며 부자가 된 것 같았다. 농군의 마음을 배울 수 있었던 귀한 시간이었다.

장독대 곁의 코스모스가 한들거리는 가을이 다시 오고, 우리는 또다시 이삿짐을 꾸렸다. 두 정거장 너머에 우리를 기다리는 마침맞은 집이 나왔다고 했다. 그로부터 한 달 후, 내 생애 마지막 이사가 돼 주십사 빌며 나는 이삿짐 차에 올랐다.

지금의 집으로 이사 오던 그해 가을, 나는 푸른 하늘과 맑은 공기와 선들바람을 가슴에 안으며 이 아름답고 조용한 터에 내 남은 생을 묻으리라 다짐했다.

4. 우리가 찾아야 하는 것은

약속

마을로 들어오는 어귀 낮은 언덕 가에 봉분이 내려앉은 묵 묘 하나가 오가는 내 시선을 잡아당기곤 한다. 여름이면 풀이 무성히 자라 그곳에 무덤이 있는지조차 모르고 지나칠 정도로 낮아진 무덤이다. 연고가 없는가 싶어 때로는 애틋한 마음이 들기도 했다. 그런데 이태 전부터 누군가의 손에 추석 무렵이면 벌초를 하고 말쑥하게 단장된 모습을 보이기 시작했다.

무덤 맞은편 철책 너머의 군인들이 부대 주변을 정리하면서 그 무덤의 잔디도 깎는다는 이야기였다. 마을에 대대로 살아왔다는 이웃 아주머니가 들려준 말에 의하면 이웃 군부대에 있던 군인 하나가 집안의 격렬한 반대에 부딪혀서 애인과 동반자살을 한 연인의 무덤이라고 이야기하였다. 부모 마음에 잊어버리고 싶은 탓이었을까 아니면 세월이 너무 많이 흘러서 그 부모가 세상을 떠난 것일까. 이제는 찾아오는 이도 없다는데 무덤의 풀을 깎으며 군인들은 무슨 생각을 하였을까. 그들은 알고 있었던 것일까, 한 젊은이의 애틋한 사랑 이야기를. 헤어지지 말자고 굳게 언약한 그 약속을 깨트리지 않으려 부모 마음에 비수를 들이댄 채 죽음을 택한 젊은이.

약속이란 말의 뜻을 헤아려본다. 상대방과 서로 언약하여 정하는 것을 말함이란다. 목숨을 버리면서까지 지켜야 할 만큼 그 사랑이 소중했다면 왜 살아서 해결하는 방법을 찾지 못했을까. 드라마 연속극 같은 사랑 이야기를 떠올리며 오늘도 나는 그 곁을 지나다닌다. 남아있는 사람들의 아픔 따위는 돌아볼 줄 몰랐던 한 젊은이가 죽음으로 지킨 약속의 의미를 생각하면서.

어머니의 '말이다'

누워있던 어머니가 슬며시 일어나더니 내 등을 툭툭 쳤다.

"예전에 말이다 글쎄 네 할머니가 말이다."

'말이다'를 연방 붙여가며 또다시 같은 이야기가 반복됐다.

저녁 설거지를 막 끝낸 뒤 텔레비전 앞에 앉아있을 때였다.

"내가 말이다. 시집온 지 오 년 만에 너를 가졌는데 말이다. 그때가 이월이라 무척 날이 추웠단다. 한밤중에 진통이 와서 안방에서 주무시던 할머니를 불렀는데 말이다. 글쎄 배를 끌어안고 끙끙거리는 며느리한테 밖에 나가 애를 낳으라더구나. 집에서 애를 낳으면 부정을 탄다나 뭐라나. 그래 한밤중에 쫓겨나 인보관이라는 데로 끌려가 너를 낳았는데 말이다. 말이다." 하며 엄마가 코를 훌쩍 들이켰다. 골백번도 더 들은 이야기였다.

우리 할머니는 키가 장대처럼 컸다. 휘적휘적 걸어갈 때 뒤에서 보면 영락없는 전봇대였다. 틀어 올린 쪽머리만 아니라면, 치마 대신 바지만 입었어도 아무도 여자로 보아주지 않을 만큼 멋대가리 없이 큰 키였다. 할아버지가 요즘 말로 아담 사이즈라면 할머니는 무 장다리처럼 키가 멀쑥했다. 보따리, 보따리 싸 짊어지고 절을 찾아 자주 산에 오르시던 할머니는 며느리들에겐 두려운 존재였다.

내 나이 여덟 살 되던 해에 할머니네 집에서 분가라는 걸 했는데 할머니가 우리 집에 오시면 '아무개 어디 갔느냐?' 하는 큰소리와 함께 문지방을 성큼 넘어 들어오시곤 했다. 그런 날은 돈이 궁해 찾아오시는 날이었다. 할머니는 요즘 부모처럼 자식 눈치코치 안보고 당당하게 돈이 필요하니 얼마 내놓으라고 하셨다.

엄마가 제일 싫어한 건 할머니가 아버지 이름을 부르는 거였다.

"아니, 만날 아이들 보는 앞에서 누구야? 하고 부르시니 듣기 거북하네요. 자식이라지만 다 큰 어른인데 그래도 누구 아비야 하고 부르시면 좋지 않아요?"

우리 아버지는 칠 남매 중 둘째다. 큰아버지와 사는 할머니는 아침마다 가까이 살고 있는 세 아들네 집을 순시하듯 돌아보곤 하셨는데 셋째 작은엄마는 어찌나 성격이 사나운지 할머니도 마음대로 하시지 못했다.

어느 날 아침, 셋째 아들네 집을 둘러보러 가셨던 할머니는 마루 밑 요강에 오줌이 한가득 들어있는 걸 발견했다. 늦게까지 잠에 취해 있던 작은아버지 내외는 할머니의 거동을 눈치 못 채고 있었다. 할머니가 마루를 쿵쿵 두드리며 "저 요강 단지 저게 뭐냐?"라고 소리 질렀다. 자다 말고 속옷 바람으로 뛰어나온 작은아버지 내외는 죄인처럼 고개를 푹 수그리고 할머니의 꾸지람을 견뎌야 했다. 일이 벌어진 건 그다음이었다. 할머니가 집으로 돌아간 뒤 부부간에 큰 싸움이 붙었는데 작은엄마 말로는 왜 간섭을 하느냐는 것이었다. 남이야 요강에 발을 담그고 잠을 자건 말건 그 물로 밥을 해 먹건 말건 따로 나와 사는 자식한테 시어머니가 왜 간섭을 하시냐는 것이었다. 작은아버지가 큰집으로 도망을 왔는데 보니 작은엄마가 얼마나 쥐어뜯었는지 작은아버지 셔츠가 걸레처럼 너덜너덜했다. 그 정도로 작은엄마는 성격이 드셌다. 자식이 그 꼴이 되어 도망을 왔으니 할머니가 가만히 있겠는가. 화가 난 할머니가 달려가 한바탕 난리 법석을 피웠다고 한다. 그 후로 작은엄마의 기가 한풀 꺾인 걸 보면 할머니의 기가 더 세긴 센 모양이었다. 우리 어머니는 마음이 약한 탓에 할머니가 눈만 크게 떠도 바로 서지를 못했다. 시어머니 앞에선 늘 기가 죽어 설설 기셨다. 그 탓에 할머니의 푸념은 늘 우리 엄마 차지였다.

"며느리 중에 그래도 둘째가 제일 착해."

할머니는 그렇게 뒤로 돌아서선 우리 어머니 칭찬을 하곤 했지만, 앞에선 여전히 무서운 시어머니였다.

고생스러웠던 시절이건만 그래도 어머닌 그때가 그리우신가 보다. 언젠가는 나도 어머니의 '말이다'를 그리워하게 될까? 하지만, 그날이 천천히, 아주 천천히 왔으면 좋겠다. 어머니가 직접 들려주는 '말이다'를 오래오래 듣고 싶다.

서약의 허와 실

일곱 남매 중 넷째인 나의 큰이모는 성격이 활달한 내 어머니와는 반대로 수더분한 인상에 말소리 또한 크지 않아 첫눈에도 조신한 성격이 한눈에 드러나 보이는 전형적인 한국의 여인상이다. 그런데 생긴 모습과는 달리 억척스러운 면도 있어 아무도 돌아보지 않던 자갈밭 하천부지를 일구고 가꿔 옥토로 탈바꿈을 시켜놓기도 했다.

나이 스물둘에 두 살 아래인 남자를 중매로 만나 결혼하였는데 살림살이가 별로 넉넉한 집안은 아니었다. 다만, 신랑감 성품이 활달하고 붙임성 있어 보여 제 여자 하나는 건사하겠다 싶어 큰외삼촌이 허락하여 부부의 연을 맺게 된 것이다.

결혼 초부터 이모는 어려운 살림을 일으켜 보려고 눈만 뜨면 일에 매달려 살았다. 하천을 일궈 만든 드넓은 밭에 하우스를 치고 수경재배로 상추를 심어 유기농 식품인증도 받아 각 백화점에 납품하였다. 토마토며 딸기 농사도 짓는 등 자신을 돌아볼 여유마저 없을 만큼 열심히 일을 하여 꽤 많은 재산을 일구었다.

그런데 호사다마라고 하던가.

살림이 나아지니 이모부가 엉뚱한 곳에 눈을 돌리기 시작한 것이다. 이모가 사는 이웃 마을에는 일찍이 홀로되어 아들 하나를 데리고 사는 과수댁이 있었는데 그녀와 한동안 가까이 지내는가 싶더니 아예 작은댁을 만들어 그 집에 눌러앉아 버린 것이다. 온 동네가 수군대었다. 하지만 눈에 콩깍지가 씐 이모부는 남의 손가락질 따위는 안중에도 없었다.

언젠가 버스 안에서 작은댁과 나란히 앉은 이모부와 내가 맞닥트린 적이 있었다. 이모부가 잠시 당황하는가 싶었지만 이내 시침을 뚝 떼었다. 곁눈질로 여자를 살펴보니 떡 벌어진 어깨에 딱부리처럼 큰 눈, 그리고 한눈에도 몹시 헤퍼 보이는 커다란 입이 남자처럼 우락부락해 보였다. 어떻게 저런 여자를 좋아하게 됐을까, 의문이 들 정도였다.

세월이 흘러갔다. 며느리도 맞아들이고 농장은 더욱 번성해져서 늘 일손이 바빠 동동거려야 했지만, 이모부는 작은 집에 틀어박혀 돈이 궁해지면 찾아와서 한바탕 난리를 치고 가는 것이 고작이었다.

어느 날 작은 여자한테서 이모부가 쓰러져 병원에 입원을 했다는 연락이 왔다. 남편한테 맺힌 것이 많은 이모는 발길이 떼어지지 않았지만, 아들을 앞세워 병원을 찾아가니 위암 말기였다. 손을 쓸 수 있는 시기가 지난 상태라고 했다. 마음의 준비를 해 두는 것이 좋겠다는 의사의 권고로 이모부는 다시 본집으로 들어와 한동안 소리 없이 지내는 듯하였다. 그런데 이모가 집에 없는 사이 그 아픈 몸을 이끌고 다시 작은집으로 가버린 것이다.

작은집으로 다시 들어간 이모부는 두 달 뒤 생을 마감했는데 문상을 다녀온 어머니가 말하기를 "네 이모가 남편이 죽었는데도 문상객들과 웃으며 이야기하더라."라며 얼마나 한이 맺혔으면 남편 시신 뉘어놓고 웃음이 나오겠느냐며 한숨을 쉬었다.

혼인서약을 할 때 아프거나 병들거나, 검은 머리 파뿌리 될 때까지라던 주례사를 떠올리며 사는 부부가 몇이나 될까. 이혼이 잠자고 일어나 하품하는 것처럼 별일도 아닌 것이 돼버린 세상에 부부의 의미를 다시 한 번 생각해 본다.

아내가 쓰는 남편의 군 시절 이야기

모임에 가려고 청량리에서 지하철을 탔다. 한 정거장 지나 신설동역에 닿았는데, 지하철 문이 열리자 옆에 앉아있던 청년이 갑자기 벌떡 일어나더니 방금 올라탄 남자를 향해 팔을 내밀며 환호성을 질렀다. 꽤 오랜만에 만난 듯 반가운 인사를 나누더니 군 시절 이야기를 신나게 주고받는다. 가만히 보니 군대 동기인 듯했다.

“어이, 그 양 하사 아직도 거기 있겠지?”

“짜샤, 우리가 제대한 지 몇 달이나 지났다고 아직 거기 없겠냐!”

두 젊은이는 옆 사람들은 아랑곳하지 않고 군대 시절 이야기로 꽃을 피웠다. 가만히 그들의 이야기를 듣고 있다가 남편의 군 시절 이야기가 떠올라 피식 웃고 말았다.

남편에게는 사흘이 멀다 하고 안부 전화를 주고받는 절친한 친구가 한 명 있다. 소위 말하는 불알친구로 담을 사이에 두고 형제처럼 자란 단짝 친구이다. 총각 시절, 남편이 먼저 징집영장을 받게 되었는데 그 친구가 헤어지기 싫다며 자원입대를 신청하여 운 좋게도 같은 곳으로 배치를 받게 되었다.

남편이 군 복무하던 60년대는 식량이 모자라 모두가 허리띠를 졸라맬 때였다. 군대도 예외는 아니어서 한창나이의 젊은이들은 늘 배고파했다. 당시 부대에서는 삼 일에 한 번씩 화랑 담배 한 갑과 건빵 한 봉지씩을 지급하였는데, 그것도 개인당 지급이 아니라 세 명당 한 갑씩이었다고 하니 담배 한 갑이 스무 개비이니까 셋이 나누면 두 사람에게는 일곱 개비가 돌아갔고 한 명에게는 여섯 개비가 몫으로 돌아가는 셈이다. 또 건빵 한 봉지에는 오륙십 개의 건빵이 들어있는데 셋이서 나누면 스무 개씩이 채 못 되게 몫이 돌아갔다고 한다. 먹고 돌아서면 금방 배가 고파지는 한창나이의 젊은이들은 밤이면 배가 고파 잠이 잘 오지를 않았다. 그래서 생각해낸 것이 건빵 불려 먹기였는데. 항고에 건빵 다섯 개를 넣고 물을 부으면 건빵이 퉁퉁 불어 항고 가득 죽이 되었다. 그거라도 먹으며 배고픔을 달랬다.

어느 날 밤에 보초를 서게 되었는데 다음 보초병과 교대를 하고 막사로 돌아가던 길에 밭고랑에 세워둔 콩 낟가리가 유혹을 하더란다. 밤이 깊어 보는 사람도 없으니 이것저것 생각해 볼 겨를도 없이 콩 낟가리 두 단을 끌어안고 취사실로 숨어 들어가 솥에 넣고 삶아 건져 철조망 곁에 쪼그리고 앉아서 정신없이 까먹었다.

다음날 부대 안이 발칵 뒤집혔다. 밥이 온통 흙투성이여서 먹을 수가 없이 된 것이다.

취사병들은 어두컴컴한 새벽에 일어나 밥을 안쳐야 하는 수고로움을 덜기 위해 저녁에 미리 밥솥을 깨끗이 닦아놓았다가 아침밥을 했다는데, 솥이 깊어 안을 일부러 들여다보기 전에는 무엇이 들어갔는지 알 수가 없단다. 그것을 모르고 뿌리에 흙이 잔뜩 묻은 콩 단을 마구 넣고 삶았으니 그 흙이 다 어디로 갔겠는가.

아침도 못 먹고 모두 연병장에 집합 명령이 떨어졌다. 아! 이제 큰일이 났다. 간이 콩알만 해져 고개도 제대로 못 들고 서 있는데 "어젯밤 보초 섰던 놈 앞으로 나와!" 하는 중대장의 호령 소리가 들려왔다. 철조망 곁에서 밤새 까먹은 콩깍지가 발견이 된 것이다. 결국, 남편이 범인이란 것이 밝혀지게 되었고 그 일로 호되게 기합을 받아야 했다. 그런데 사건이 일파만파로 번져 부하 사병을 단속하지 못한 문책이 직속 상사이던 내무반 선임하사에게까지도 불똥이 튀었다. 죄 없이 문책을 당한 선임하사가 가만히 넘어가겠는가. 당시 내무반에서 악명을 떨치던 인물이라는데 그냥 넘어갈 리가 없었다. 아니나 다를까. 잔뜩 약이 오른 선임하사가 이슥한 밤에 남편을 내무반 뒤꼍 후미진 곳으로 불러내어 엎드려

뺀쳐를 시켜놓고는 방망이로 엉덩이를 내리치기 시작하는데 얼마나 아픈지 눈에서 불꽃이 튈 지경이었다고 한다. 방망이 열여섯 대를 맞고 일어났는데 이번에는 세워놓고 주먹으로 얼굴을 치고 구둣발로 허벅지며 정강이를 닥치는 대로 걷어차기 시작했다(남편은 그것을 군대용어로 조인트라고 말했다).

감정이 실린 발길질이 얼마나 아팠겠는가. 참다못한 남편이 그만 선임하사의 멱살을 잡고 주먹을 날렸는데 하사의 앞니 두 개가 몽땅 날아가 버린 불상사가 일어난 것이다. 입언저리가 피투성이가 된 선임하사는 그대로 엎어졌고 남편은 결국 자대 영창에 한동안 갇히는 신세가 되었다. 그 후 부대 생활이 피곤할 줄 알았는데 다행히도 모 부대 중대장이었던 친구의 형이 훈련을 마치고 귀대를 하다 그곳에 들른 것이 계기가 되어 친구는 소방서로 남편은 포항역전으로 파견근무를 나가게 되어 남은 군 생활을 큰 어려움 없이 지낼 수 있게 되었다. 나중에 알고 보니 남편이 복무하고 있던 부대의 중대장은 같이 입대한 친구의 형과 육사 동기였던 것이다.

당시 학교에서도 학생들에게 보리쌀 섞어 먹기를 권장하고 나라 대통령도 점심 메뉴로 국수를 먹는다는 말이 나돌 정도로 가난하던 시절이었으니 부대 사정이라고 나을 것이 있었겠는가. 돼지고기를 넣고 끓인 국이 나오면 '돼지가 널뛰기한 국'이라고 했다니 당시의 경제사정을 짐작하고도 남음이 있겠다.

집 가까이에 군부대가 있어 이따금 군인들이 사역을 나올 때도 있는데, 민간인에게 폐를 안 끼치려고 식사 때면 군부대 부식 차가 직접 먹을 것을 싣고 온다. 어느 날 마을 길 보수 공사에 군인들이 사역을 나왔는데 우리 집 마당에서 점심을 먹게 되었다. 날라져 온 음식을 보니 웬만한 중산층 가정의 상차림보다 훨씬 나았다. 슬며시 넘겨다보던 남편이 한마디 했다.

"우린 참 배고픈 시절에 군 생활을 했지, 요즘 애들이 그걸 알까?"

우리집 삼식님

전기 압력솥에 쌀 씻어 안치니 저 알아서 보글보글 끓는다. 세탁기안의 빨랫감도 스위치만 넣으면 저 알아서 돌아가고. 세상 참 살기 좋아졌다. 돌아가신 시어머니가 부엌문 뒤에 숨어서 눈흘길 일이다.

"내는 아이 낳고 일주일을 넘겨본 적이 없다. 일주일 만에 나와서 보리방아 안 찧었나." 하던 노인이니 말해 무엇하랴.

남편이 삼식이가 된 뒤로 아침저녁으로 사열식 하듯 돌아야 했던 개 먹이와 토끼 먹이 그리고 이십여 마리의 닭 모이까지 알아서 주니 내가 마당 밟을 일이 없어졌다. "발 들어!" 하는 구령에 맞춰 두 발 날렵하게 소파 위로 올리면 청소도 척척 해준다. 때늦은 호사에 웃음이 실실 난다.

그러나 내게도 손과 발이 닳도록 가족에게 충성을 다하던 시절이 있었다. 백수 된 지 한 달쯤 지나던 날 남편이 자기 입으로 공표한 것이 '이제부터는 자기가 머슴 노릇을 하겠다.'였다. 그것도 냉정한 얼굴로 웃음기 없이 마치 선전포고를 하듯 비장한 얼굴로. 그러면서 자기를 고급 머슴으로 대우해달라고 했다. 어떤 머슴이 고급 머슴이냐고 물으니 돈 한 푼 안 주고 쓰는 머슴이 고급 머슴이란다. 그 대신 삼시 세끼는 꼭 차려 대령을 해야 한다고 못을 박았다. 누가 머슴이고 누가 하녀인지 아리송한 요구였다.

그런데 자칭 고급 머슴도 때로는 땡땡이를 쳤다. 하던 일 내동댕이치고 나무 밑에 두 다리를 쭉 뻗고 앉아 세월아 네월아 한다든지, 흘러간 노래 따위를 '쿵짝쿵짝 쿵짜작 쿵짝' 귀청 떨어지게 틀어놓고 청승을 떤다든지. 나름의 스트레스 해소 방식이라고 공언까지 하면서. 그럴 땐 손톱만큼도 주인마님의 눈치를 안 본다. 자칭 머슴이라는 사람이 주인마님의 눈치를 안 본다는 게 말이나 되는가 말이다. 하지만 아무도 그를 말릴 사람이 없다. 왜냐하면, 그는 머슴이란 직함 외에 가장이라는 책무를 동시에 지니고 있기 때문이다.

어느 날 직장에서 돌아온 그가 떫은 감 씹은 표정으로 말했다. "이젠 그만 쉬시지요!" 하는데 하늘이 노래지더라고. 그 말을 전하는 부사장 얼굴이 살생부를 펼쳐 든 저승사자처럼 보였다고. 그리고는 한숨을 푹 쉬었다. 이제 쓸모없는 인생 됐으니 살아서 무슨 영화를 볼까나! 하면서.

"그동안 바삐 살았으니 이제부턴 쉬면서 당신이 하고 싶은 일을 찾아봐요. 어딘가에 당신이 할 일이 꼭 있을 거예요."

그때 내 입에서 튀어나온 말이었다.

자신의 비감한 마음을 아내가 다독거려 주지 않았다면 어디론가 떠나버렸을지도 모른다고 말했다. 그 뒤로 친구들과 부지런히 등산이다 낚시다, 산으로 강으로 누비고 다녔다. 꼭 일 년을 그런 식으로 살더니 어느 날부터인가 슬며시 주저앉았다.

종로 삼가 파고다 공원 뒷골목 실버들의 아지트인 모처에서 친구를 만나고 온 뒤부터였다. 그날 돌아와 침을 튀겨가며 열변을 토하던 이야기를 나는 오래도록 잊지 못할 것이다.

"내가 말이야, 종로 3가를 갔는데 말이야. 골목골목 노인들 천지더라고, 짐작은 하고 있었지만 그렇게 많을 줄은 몰랐거든, 그 노인들 바라보면서 참 안됐다는 생각이 들었어, 여기저기 쭈그리고 앉아 잡담 나누는 사람, 싸구려 이발소 앞에 옹기종기 모여 있는 사람들, 뭔가 얻어걸리길 기대하며 여기 기웃, 저기 기웃 어슬렁거리는 사람, 파고다 뒷골목은 노인들로 넘치더라고 그들을 보면서 참 안됐다는 생각이 들었어."

눈에 이슬까지 촉촉해지며 거기 있던 노인들이 불쌍하다고 했다. 참 어이가 없네, 아니 거울도 안 보나 누가 누구 말을 하는 거야?

"아이고 그런 소리 말아요, 다른 사람이 보면 거기 서 있는 당신도 똑같이 보여요."

마누라 핀잔에 머슴이 고개를 주억거리며 머쓱한 얼굴로 "하긴, 그건 그래." 했다. 그리고는 뭔가 한참 골똘히 생각하더니 뒷말을 술술 풀어놓기 시작했다.

"글쎄 말이야, 그 많은 노인이 다 어디서 오느냐 하면 천안이나 평택 같은 데서 전철을 타고 온다는 거야. 경로는 공짜잖아, 그렇게 와 가지고 하루를 때우고 돌아가는 거래. 그런데 더 기가 막힐 일은 서울 노인들은 또 반대로 천안이나 온양 쪽으로 내려간다네, 거기 가서 점심으로 오천 원짜리 순댓국 먹고 이천 원짜리 커피 한 잔 마시고 삼천 원짜리 온천욕 하면 딱 만 원이래, 그런데 그것도 살 만큼 사는 집 노인이지 그것도 못하는 노인들이 수두룩할 거야."

머슴의 얼굴에는 깊은 그늘이 졌다.

그 후 집에만 틀어박혀 두문불출 세상사 다 잊은 듯 지내더니 어느 날 자리를 박차고 일어나 휘적휘적 뒷산으로 올라간다. 경망스런 생각이 들어 걸어가는 뒷모습을 유심히 살펴보니 손에 끄나풀 비슷한 것도 보이지 않는다. 안심을 하고 있는데 얼마 후 산에서 내려오는 모습을 보니 누군가 잘라버린 소나무 둥치를 낑낑대며 끌고 내려온다. 그러더니 전기톱을 사달라고 조른다. 일이만 원도 아니고 이삼십만 원짜리 전기톱을 뭐하느냐고 하니 '나의 마지막 소원이다.'라고 생각하고 사달란다. 그 뒤로 온종일 마당 한쪽 구석에 있는 비닐하우스 안에 들어가 뚝딱거리고 앵앵거리고 난리다. 그러더니 또 한 열흘 잠잠하다. 나무를 송판처럼 켜서 말리는 중이란다.

비닐하우스 안은 바깥보다 훨씬 덥다. 일부러 한증막에 땀 빼러 갈 필요 없을 만큼 뜨거워 난 오 분도 못 견디고 뛰쳐나오는데 그 안에서 몇 날 며칠 나무를 잘라 말리는가 싶더니 또다시 뚝딱거리고 앵앵 소리가 나기 시작한다. 한 사흘 그러는가 싶더니 나와서 좀 봐달란다. 아, 이 더운 날씨에 찜질할 일이 있나 더운 하우스 안엔 왜 들어오라는 거야? 마누라 머리 벗길 일이라도 있나! 짐짓 짜증을 내며 하우스 안을 들여다보다 깜짝 놀랐다. 멋진 나무 장식대 두 개가 떡 하니 놓여있는 것이 아닌가. 나 원 참 우리 집 머슴이 이렇게 좋은 손재주가 있다니. 입이 헤벌어져 바라보는 내게 의기양양한 얼굴로 묻는다.

"어때 멋있지 않아?"

흥, 멋있다고 하면 또 의기양양해서 만날 이 노릇만 하고 있을 텐데 칭찬을 해야 하나 말아야 하나? 한참을 망설이다가 그래, 잘했다고 해야 기분이 좋겠지? 에라 모르겠다. 덩달아 호들갑을 떨었다. "어머나, 너무 멋있어요. 내다 막 팔아도 몇십만 원 받겠네요."

마누라 맞장구에 눈이 휘둥그레져서 "정말?" 하고 묻는다. 마누라 칭찬에 입 벌어지는 남자는 첨 봤다. 저녁에 삼겹살 파티라도 열어야겠다. 머슴이 건강해야 우리 가족도 행복하니까.

내려갈 때
아름다운 사람

설 연휴에 용문산을 찾았다. 지난가을부터 찾기 시작한 용문산은 집에서 그다지 멀지 않아 주말이면 운동 겸 찾아가는 우리 부부의 등산로이자 산책길이기도 하다.

처음 시작할 무렵에는 체력을 생각해 무리하지 말고, 힘닿는 만큼만 오르다 내려오자고 다짐을 했었다. 그동안 죽 그렇게 해 왔는데 설 연휴에 무슨 오기가 발동을 하였는지 갑자기 정상에 서 보고 싶다는 생각이 불시에 들었다.

사십 대 초반에 백운대 정상에 올라본 후로는 그 어느 산 정상에도 두 발로 걸어 올라가 본 적이 없으니, 이십 년 가까운 세월을 산 밑만 맴돌다 시도한 내게는 도전이었다. 용문산 초입에 서 있는 일주문을 지나 이십 분 정도 오르면 천년고찰 용문사와 천년 목인 은행나무가 서로 이웃하여 나타난다. 이곳을 지나쳐 얼마쯤 올라가면 등산로로 들어서는 갈림길이 나오는데 이곳에 세워 둔 표지판에 정상까지는 3킬로라고 쓰인 푯말이 서 있다. 주말 산책 때는 이곳에서 우로 꺾어 계곡을 따라 용각바위 못 미쳐 까지만 오르다 내려오곤 했었는데 이번엔 좌로 방향을 틀어 능선을 따라 정상도전을 해 보기로 하였다.

푯말에 쓰여 있는 거리를 가늠하며 까짓 3킬로쯤이야 하는 마음으로 등산객 뒤를 따라 오르기 시작했는데 산은 밑에서 보기보다 험하여 마음처럼 발길이 잘 따라 주지를 않았다. 오르다 보면 앞서 가던 등산객이 이내 가물가물해 지고 뒤따라 올라오던 등산객도 어느새 앞질러 사라지곤 했다. 묵묵히 앞서가던 남편이 건넛산 벼랑에 병풍처럼 서 있는 높다란 암벽을 건너다 보며 “저런 곳을 타야 등산은 제맛인데!” 하였다.

젊어서는 등산광이란 소리를 듣던 남편인데 어찌 미련이 없을까. “아직도 자기가 이십 대인 줄 착각하는 모양이네!”라고 하니 싱긋이 웃는다. 무슨 생각을 하고 있을까. 마음은 이미 그 절벽을 타고 있지 않았을까.

뒤따라오던 등산객들 틈에 끼어있던 여자가 몹시 힘이 드는지 숨을 헉헉 몰아쉬며 “다시는 이 산에 안 올 거야.”를 연발했다.

얼마쯤 오르자 중간 쉼터인 듯 여기저기 마련돼 있는 평상에 등산객이 준비해온 음식을 풀어놓고 먹고 있었다. 우리도 한쪽에 걸터앉아 준비해갔던 차를 따라 마시며 한숨을 돌렸다. 잠시 쉬었다 가려니 슬며시 꾀가 났다. 그만 돌아갈까 싶어 남편을 돌아보니 얼마 남지 않은 정상을 가리켰다. 그러나 정상은 밑에서 보는 것만큼 쉬 우리 앞에 모습을 드러내지 않았다. 정상에 가까울수록 커다란 바위가 자주 앞을 막아섰다. 그 바위를 밧줄에 의지해 넘어설 때마다 "당신 참 대단해."라고 남편이 내 발걸음을 부추겼다.

예정했던 것보다는 시간이 오래 걸렸지만, 정상에 비로소 설 수 있게 되었을 때 무언가 이루었다는 뿌듯함이 밀려왔다. 정상이라 쓰인 푯말 앞에서 연인인 듯한 남녀가 사진을 찍고 있었다. 돌부리에 걸터앉아 보온병에 남은 차를 따라 마시며 잠시 앉아 숨을 돌린 뒤 하산을 서둘렀다.

내려가는 길은 오르는 것보다 힘이 덜 들리라 생각했다. 하지만 밑으로 내딛는 발길은 체중이 실려 더 힘이 들었다. 무릎이 아파 지체되기 시작했다. 등산이 익숙지 못한 내게는 갑작스러운 정상 도전이 무리였던가 보다. 언제부터인지 내려가다가, 쉬어 가다가 가 자주 반복되었다. 하산하는 등산객의 그림자도 멀어지기 시작했다.

"우리가 꼴찐가 봐."

소리가 자꾸 나왔다. 꼴찌도 꼴찌 나름이지, 이건 완전 낙오였다. 해가 산마루를 넘어설 때쯤 저만치에 용문사 사찰지붕이 보이기 시작했다. 다행히 어둠이 내려앉기 전에 하산을 마칠 수 있었지만 다른 등산객의 그림자는 이미 사라진 뒤였다.

어둑해지는 길을 차를 타고 달리며 "올라가는 것보다 내려가는 게 갑절은 더 힘드네! 이렇게 힘든 줄 알았으면 올라가지 말 것을." 내 말에 남편이 "모든 일이 다 그래, 사람 사는 것도 마찬가지야. 오르는 것보다는 내려가는 일이 더 어려운 법이지, 하지만 내려갈 때를 생각하며 오르기를 힘쓰는 사람은 없을 거야." 의미심장한 말을 했다. 하긴 내려가야 할 때를 염두에 두고 올라가기를 하는 사람이 몇이나 있을까.

차창 너머로 어스름이 내려앉는 산마루를 올려다보며 몇 달 앞으로 다가온 지방선거를 떠올려 보았다. 올라갈 때보다는 내려올 때 아름다운 사람을 만날 수 있게 되기를 희망하면서.

물지게

청정한 숲에 바람이 분다.

한겨울에도 산새는 울고 있었다. 깡마른 나뭇가지 끝에 앉아 있던 작은 새가 인기척에 놀라 '푸드덕' 날아오른다. 새가 움켜쥐고 앉았던 나뭇가지가 제풀에 놀라 부르르 몸을 떤다. 가지 끝에 팔랑거리던 몇 개의 나뭇잎이 떨어져 흩어진다.

입춘을 하루 앞둔 날, 볕 좋은 양지쪽에 터를 잡고 들어앉은 농업 박물관을 찾았다. 용문산에 오를 때마다 한 번씩 쳐다보고 지나치던 곳이다. 입장료 두 장을 사 들고 남편과 둘이 안으로 들어섰다.

너무 이른 탓일까. 관람객은 없고 잔잔한 음악이 실내를 돌고 있다. 남편과 내 발걸음 소리만 공허하게 울린다. 안으로 좀 더 들어가니 쓰임새조차 낯선 농기구들이 진열대위에 한가로이 놓여 있다. 써레, 쟁기, 가래, 멍석 등, 도시서 자란 내게 생소한 것들이 꽤 많다. 석기시대의 토기, 안동 김씨의 후손이 기증했다는 고문서, 몽양 여운형 선생의 피 묻은 두루마기 등, 지나간 한때 우리의 역사를 말없이 전해주고 있다. 우렁이 속처럼 생긴 박물관 내부를 한 바퀴 돌아 출구로 향하는데 잘 다듬어 만든 크고 작은 지게 두 짝이 널찍한 멍석 위에 놓여 눈길을 끌었다. 장정이 짊어졌을 법한 큰 지게와 초립동이 짊어졌을 작은 지게가 사이좋게 놓여 있다. 작대기로 괴어 놓은 폼이 금방이라도 누군가 짊어지고 꼴을 베러 나갈 것만 같다. 관람객을 위해 준비해 놓았다는 지게를 남편과 하나씩 짊어지고 마주 보고 웃었다.

한때, 지게를 지고 산자락을 오르내린 때가 있었노라 회상하는 남편을 바라보며 등에 지는 지게가 아닌 젊은 날 내 어깨를 짓누르던 물지게의 기억이 떠올랐다.

결혼하여 새로 이사 간 집은 울안에 물이 없었다. 먼 곳에 있는 공동 수돗물을 길어다 먹고살아야 했는데 그 일은 늘 내 몫이었다. 스물둘 꽃 같은 새색시가 하기엔 너무 힘겨운 일이었다.

이른 아침 남편이 직장으로 나가고 나면 시어머님이 내 등을 밀었다. 물을 받으려면 줄을 서서 차례를 기다려야 했는데 수돗가엔 늘 사람들로 북적거렸다. 시어머님이 물동이를 이고 앞서서 걸어가면 어머님 발걸음 따라 물동이 안에서 바가지가 흔들흔들 춤을 췄다.

물지게를 지고 내려오다 엉덩방아를 찧었던 날, 물통은 층계를 따라 구르며 물을 다 쏟아 내었고, 옆구리가 찌그러진 물통을 보며, 나는 그 와중에도 어머님의 화난 얼굴이 떠올라 안절부절못했다. 엉치뼈가 물러앉아 무진 고생을 해야 했는데 앉을 때마다 악 소리가 절로 나왔지만 시어머님이 무서워 남편한테도 아프다는 말을 못했다. 병원도 한 번 못 가보고 상처는 아물었지만, 이따금 병이 도지면 지금도 며칠씩 허리 병을 앓는다. 왜 그렇게 시어머님이 무섭고 어려웠을까.

5~60년대만 해도 노른산이라 불리던 자양동은 지천으로 밭이 널려 있었다. 특히 양배추와 상추밭이 많았다. 마루 뒤 창문을 열면 상추밭이 바로 내다보였는데 밭 여기저기에 거름으로 준 인분 덩어리가 굴러다니며 구린내를 풍기고 똥파리가 몰려다니며 윙윙거렸다. 그 앞쪽으로 강이 있어 여름이면 사람들이 물놀이하러 오곤 했는데 강변엔 나무숲이 울창했다. 수문이 덩그런 입을 벌리고 있는 둑에 오르면 강이 훤히 내려다보였다. 그 둑길을 다져 지금은 전철이 오가고 있지만 당시만 해도 한적한 유원지였다. 가난한 사람들이 모여 살던 그 마을엔 수도를 놓은 집이 별로 없어 먼 거리까지 물을 길어다 먹고살았는데 길어온 물로 밥하고 빨래하고 쌀 씻은 물 받아 두었다가 걸레를 빨아도 물은 늘 모자랐다.

아낙들은 이른 아침부터 빨래 함지를 이고 강으로 향했는데 나도 그들 중 하나였다. 어정버정하다 늦기라도 하면 좋은 자리 차지하기도 수월치 않을 만큼 강변은 빨래하는 아낙들로 넘쳐 났다. 아예 풍로나 화덕 따위를 들고 와 빨래를 삶는 풍경도 흔히 볼 수 있었다. 당시의 일상화된 뚝섬 풍경 중 하나였다. 재작년 중국 여행길에서 만난 천진의 어느 개울가 풍경은 5~60년대의 뚝섬 풍경과 흡사했다. 뿌연 비눗물이 흘러가는 그 샛강을 바라보며 옛 생각이 떠올라 코끝이 시큰했다.

마을에 수도가 들어온다고 동네 사람 모두 마음이 들떠 있다. 지하수가 부족해 상수관 묻는 일은 마을의 경사다. 나라에서 경비를 충당해 준다니 얼마나 좋으랴. 수도관이 묻힐 자리를 만드느라 마을 들어오는 길은 뱀이 지나간 자국처럼 길게 패였다. 그 모양을 물끄러미 바라보고 서 있으려니 물 때문에 겪어야 했던 젊은 날이 떠올랐다.

내가 져 날랐던 건 물 뿐이었을까? 시집살이의 고단함도 물지게에 얹어 날랐으리라. 돌아가신 지 어언 십수 년, 이제는 백골이 되어 누워 계실 어머님의 목소리가 아련하다.

"애, 남자들은 온종일 회사 나가서 힘든데 집에서 그것도 못하니?"

아들의 마음을 며느리한테 빼앗긴 섭섭함을 보상받고 싶으셨던 건 아니었을까. "아내를 위한 마음이 조금이라도 있었더라면 어머님을 이해시켜서라도 아픈 기억 하나쯤 만들어주지 않을 수도 있었지 않았겠느냐."라고 남편에게 물으니, "난 정말 몰랐어!" 하며 고개를 슬며시 돌리며 못 내 미안한 표정을 짓는 남편을 바라보며 나는 가슴에 비밀 하나를 새겨 넣었다.

'다시 태어난다면 나만을 위해줄 그런 남자를 찾아 시집갈 거야!'

인형의 집

한 남자의 아내이자 세 아이의 엄마였던 주인공 노라는 신혼 시절, 직장이 없던 남편이 병을 얻자 전지요양을 시키기 위한 비용을 마련하기 위해 남편 모르게 아버지의 서명을 위조해 고리대금업자에게서 돈을 빌린다. 법률에 관한 지식이 없었던 그녀는 아버지가 세상을 떠난 사흘 뒤의 날짜로 차용증서에 서명하는 실수를 하게 되는데, 그녀가 돈을 빌린 고리대금업자는 남편과 같은 은행에 근무하는 직장 동료였다. 훗날 남편이 은행장으로 취임을 하게 되면서 고리대금업자인 그를 해임하려 하자, 노라에게 서명 위조 사건을 내세우며 자신을 은행에 계속 있게 남편을 설득시켜 주지 않으면 비밀 폭로는 물론 은행장인 남편까지 실각시키겠다고 위협한다. 결국 비밀이 드러나게 되었는데, 남편은 곤경에 처한 아내 걱정보다는 자신의 사회적 체면이 손상되는 것에만 급급해 아내에게 심한 욕을 퍼붓는다.

미망인 린넨 부인은 노라의 친구로 고리대금업자가 사모하던 여인이었다. 다행히 그녀의 도움으로 사태가 호전되자, 남편은 그제야 아내인 노라에게 호의를 보인다. 하지만 그간의 남편 행동을 통해 그가 위선적이며 비겁한 인간이라는 것과 자신은 종달새나 인형에 불과했다는 것을 깨닫는다. 결국 한 남자의 아내 자리를 박차고 주체적인 인격을 지닌 한 인간으로서 살기 위해 가족을 버리고 집을 나선다.

나와 비슷한 연배의 문우가 환갑의 나이도 불구하고 봉사를 위해 머나먼 이국땅으로 떠난다고 자랑 아닌 자랑을 했다. 언감생심 내 처지로는 마음먹어 볼 수도 없는 몇 달간의 해외여행, 자신의 즐거움을 위한 것이 아니라 어려운 사람들을 위한 고행의 길임에도 자청하고 나서는 그녀의 삶이 더욱 빛나 보였고 그녀가 떠날 수 있도록 배려해준 그녀 남편의 마음 씀이 부러웠다.

우물 안 개구리처럼 나 자신이 만든 울타리 안에 안주하며 제한된 사고와 한정된 시야 속에서 만족하며 지내왔던 나에게는 커다란 충격이었다.

인형의 집에 나오는 노라가 어느 날 문득 깨달은 자아. 자신의 삶을 바꾸기까지 얼마나 많은 시행착오를 거쳤을까. 남편에게 종속된 삶에 만족하며 자신을 돌아볼 줄 몰랐던 한 여성이 인간으로서의 존재를 자각하기까지. 책 속의 그녀와 나는 삶이 다르다 해도 그 용기와 결단이 부러운 걸 어쩌랴. 아직도 5~60년대의 사고에서 벗어나지 못하는 우리 대다수 중년들. 외출했다가 저녁 시간에 늦어지면 남편의 화난 얼굴이 떠올라 안절부절못하고, 그것을 당연시하는 중년의 남편들. 그것이 어떤 이에게는 또 다른 모습의 인형의 집으로 비친다는 것을 아는지. 나의 내부에서도 노라의 의식이 꿈틀댄다고 하면 내 남편은 어떤 표정을 지을까.

세상이 많이 바뀌어 여성의 사회참여도 높아졌고 남녀평등이라 스스럼없이 말하지만, 아직도 대다수의 중년들은 남존여비사상에서 크게 벗어난 것 같아 보이지는 않는다. 내 주위를 둘러봐도 그렇다. 그래서 '늙으면 보자!'라는 우스갯소리가 나오는 것이 아닌지. 아내의 자리가 비었을 때를 상상해 보라. 아내가 자리를 지키고 있을 때 그 가정도 행복하다는 것을 자각하는 남편들이 많아질수록 인형의 집은 책 속에서나 존재하는 집이 되리라.

곳간

십 리 너머에 사시는 시누이 집을 오랜만에 찾았다. 저수지 둑을 반 바퀴 돌아 시누이 집에 당도하니 일 년 열두 달 닫힐 줄 모르는 커다란 나무 대문이 두 팔을 활짝 벌리고 나를 맞는다.

바람에 등 떼밀리듯 마당으로 들어섰다. 사람이 왔으니 누군가 내다볼 만도 하건만 개만 요란스레 짖어댄다. 쉼 없이 짖어대는 개소리에 담 너머 이웃이 넘겨다보고 "모두 배추밭에 나간 모양이에요." 한다.

현관문을 밀어보니 문은 열리건만 사람의 기척이 없다. 문도 안 잠그고 모두 어디를 갔을까?

빈집에 들어가 앉기도 멋쩍어 마당을 서성거리다 곳간이 반쯤 열려있는 것을 발견했다. 이따금 곳간에서 감자나 고구마, 콩 따위를 담아주시던 시누이가 생각나 슬며시 곳간 안으로 고개를 디밀어보니 알 수 없는 냄새가 와락 달려든다. 몇 대를 이어온 곳간인가. 대대손손 안주인의 역사가 고스란히 배어있는 냄새다. 쌀 두서너 가마니는 너끈히 들어가고도 남을 만큼 큰 항아리가 곳간 지킴이로 떡 버티고 앉아있다. 안으로 들어가 둘러보니 크고 작은 자루들이 플라스틱 통 위에 올라앉아 배를 볼록 내밀고 있다.

세월의 때가 묻은 크고 작은 대바구니들이 사이좋게 걸려 있고 검은색 천으로 땜질을 한 낡은 키도 벽에 기대어있다.

오랜 세월에 곳간은 쓰러질 듯 기울었는데 천장을 올려다보니 커다란 왕거미 한 마리가 숨을 죽이며 나를 내려다본다. 으스스해지는 기분에 서둘러 곳간 문을 나서는데 머리에 수건을 질끈 동여맨 시누이가 장화에 흙을 잔뜩 묻히고 서서 "거기서 뭐해?" 하며 고개를 갸웃한다. 잘못한 것도 없건만 괜스레 멋쩍어 "곳간도 낡았고 키도 낡았고 형님도 낡았으니 전부 새로 개비해야 되겠네!" 하니 뭔 소린가 하여 쳐다본다. 시누이를 따라 방으로 들어서며 "곳간 열쇠는 언제쯤 며느리 주시려오?" 농을 거니 "아니 요즘 시대가 어느 땐데 곳간 열쇠 타령이야." 한다. 하기야 활짝 열린 곳간에 열쇠가 당키나 한가.

갓 시집왔을 때의 일이다. 시집을 오니 시어머님은 끼니때마다 밥 지을 쌀을 당신이 손수 퍼다 주시는 것이었다. 사실 말이 뒤주지 커다란 나무 상자에 시어머니 취향에 맞춰 알록달록 벽지를 오려 붙인 것이었다. 헌데도 어머님의 자존심은 그것이 아니었나 보다. 당신의 영역에 갑자기 뛰어든 며느리가 당신의 권위를 위협하는 경쟁자로 보였던 것은 아닐까. 그래서 아이가 태어나도록 당신이 손수 쌀을 퍼다 주신 것은 아닌지.

옛날에는 곳간 열쇠를 누가 가지고 있느냐에 따라서 진정한 안주인이 누구인가를 알 수 있었다고 한다. 해서 시어머니가 며느리한테 곳간 열쇠를 넘기게 되면 안주인으로서의 권리도 자연스레 며느리에게로 넘어가는 권리 이양 같은 것이었다. 그 시대를 겪으며 살아오신 분이니 내 시어머님도 같은 맥락에서 이해해야만 할 것 같다.

하긴, 집안의 맏자식인 장손도 따로 나가 사는 세상이 되었으니 곳간 열쇠의 주인이 누구인가를 따진다면 개가 웃을 일이 아니겠는가.

허물어질 듯 서 있는 곳간을 바라보며 시누이가 중얼거린다.

"무너지기 전에 허물어야 할 텐데."

허물어야 하는 것이 어찌 곳간뿐이겠는가. 이제껏 지켜왔던 안주인으로서의 권리 이양도 옛이야기로 묻히고 말 것을.

우리가 찾아야 하는 것은

벨을 누르자 낯선 얼굴이 삐죽이 고개를 내밀었다.

기억 속에 남아 있던 그 얼굴이 아니었다. 분명 낯선 얼굴이었다.

“여기가….

의아한 얼굴로 바라보는 내 손을 그녀가 잡아끌었다.

“들어와, 나 미영이야.“

세월의 간극이 너무 길었던 것일까. 어릴 적 뛰어놀던 고향 마을의 풍경과 함께 앳되던 그녀의 얼굴이 화들짝 떠올랐다 스러진다. 안으로 들어서자 앉아있던 세 여자가 동시에 소파에서 일어섰다.

"오랜만이다."

"정말 오랜만이다."

"반갑다."

저마다 한마디씩 던지며 내 손을 잡는데 왜 이리 서먹하고 낯선 것일까. 얼결에 이끌려 창가에 놓인 1인용 소파에 털썩 주저앉는데 질문이 포탄처럼 날아왔다.

"어디서 살아?"

"남편은 뭐 하는 사람이니?"

"애들은 몇이야?"

저마다 한마디씩 궁금증을 토해냈다.

갑자기 쏟아져 들어온 질문에 내 표정이 굳어있었던 것일까, 뒷집에 살았던 명자가 다가와 내 등을 부드럽게 쓸어내렸다.

"넌 하나도 안 변했다."

"그래? 난 누가 누군지 모르겠어."

도심을 달리는 차량의 부산스러움이 창 너머에서 머리를 윙윙 울려댔다. 한때는 말죽거리로 불리던 압구정 거리. 그 한쪽에 들어선 XX아파트 십오 층. 머뭇거리는 내 대답이 신통치 않았는지 대화는 이내 자기들만의 이야기로 바뀌어 갔다.

유년의 추억 말고는 그들과 공유할 대화가 내겐 아무것도 없었다. 바쁘다는 핑계로 차만 한잔하고 서둘러 아파트를 나서는 길, 돌아오는 전철 안에서 그네들의 대화를 떠올렸다.

남편이 외제차를 장만했는데, 일억도 훨씬 넘게 줬다는 성자는

다 쓰러져 가는 양철 지붕의 막내딸이었다. 폐암으로 죽은 그녀 아버지의 기침 소리가 골목 밖까지 들리곤 했다. 마당도 없는 그 집은 늘 어둡고 침침해서 습기를 좋아하는 벌레들이 벽을 기어 다녔고 허름한 나무 대문은 늘 닫혀있었다. 그 성자가 일억이 넘는 외제차를 샀다고 거들먹거렸다.

머리에 보따리를 이고 이 동네 저 동네로 기름을 팔러 다녔던 수영이 엄마는 미망인이었다. 비가 오거나 눈이 오면 하늘을 올려다보며 날이 들길 기다리던 억척스러운 기름 장사 아줌마였다. 눈이 크고 키가 커서 사내처럼 우락부락해 보이는 수영이는 제 엄마를 닮아서인지 이재에 밝은 모양이었다. 아파트를 세 채나 가지고 있다며 언제쯤 팔아야 좋을지, 시세 차액 남길 궁리를 하고 있었다.

시할머니에 시부모까지 모시고 살아 힘들다는 명자가 이상하게도 내게 위안이 됐다. 그녀의 이야기만이 사람 사는 세상의 이야기처럼 들렸다. 내겐 자랑할 것이 아무것도 없었다. 재산이 많은 것도, 남편의 지위가 내세울 만큼 높은 것도 아니라는 사실이 나를 주눅이 들게 했다. 그들이 나누는 대화는 마치 먼 나라의 이야기처럼 들렸다.

그들과 헤어져 전철역을 향해 걷는데 핸드폰이 계속 울려댔다. 손녀로부터 걸려온 전화였다.

"언제 오세요. 멍멍이가 새끼 낳았어요."

"뭐? 몇 마리나."

"아직 몰라요."

우울했던 마음이 한순간에 날아갔다.

'그래, 얼른 가자, 강아지가 뛰어노는 마당이 있고 온갖 새들이 찾아와 지저귀는 내 집이 있고 건강한 두 아들과 착한 며느리, 손녀가 넷인데. 내게 없는 남의 것을 부러워한들 그것이 내 것이 될 리 없으니, 가진 것에 만족하면 스스로 행복하지 않겠나.'

덜컹거리는 차창 너머로 남한강을 끼고 돌아가는 검단산 자락이 정겹게 다가들었다.

점 하나만 찍으면

'님이라는 글자에 점하나만 찍으면 도로 남이 되는…….'

전화벨이 울려 받아보니 오래간만에 걸려온 친구의 전화다. 잘 지냈니? 로 시작된 반가웠던 전화가 침울한 대화로 변한 건 뜻밖에 들려온 그녀의 이혼소식 때문이었다. 사십여 년 부부라는 인연으로 살아왔는데, 완강히 버티며 지켜온 것들을 어찌 그리 모질게 박차고 나왔을까. 힘들었던 그녀의 삶을 돌아보며 내 마음이 울컥했다.

이른 봄이면 울타리 가에 붉은 물을 들인 것처럼 작은 알갱이 같은 꽃잎들을 다닥다닥 달고 박태기나무가 꽃을 피우던 그 집으로 우리가 이사 가던 날, 한 집 건너에 살던 그녀가 마당을 쓸다 말고 고개를 내밀었다. 가까이 있는 초등학교에서 2교시 수업을 알리는 음악 소리가 들려오는 그 너른 골목 가득 훈훈한 봄바람이 불었다. 눈이 마주친 그녀가 하얗게 웃었다. 가슴께까지 올라오는 기다란 싸리 빗자루를 움켜쥔 그녀의 살빛이 하도 하얘서 웃음조차도 하얗게 보이던 그녀. 그렇게 해서 이웃이 된 그녀 나이 그때 38살이었다. 다리가 휘어 보기 싫다며 늘 긴치마만을 고집하던 그녀는 딸만 다섯을 두었는데 따로나가 살고 있는 남편은 이따금 손님처럼 들렀다 간다고 했다.

등이 잔뜩 휜데다가 목은 두껍고 짧아 웅크리고 있으면 마치 두꺼비 같이 보인다고 우리가 두꺼비 할머니라고 별명을 붙인 그녀의 홀시어머니는 사흘이 멀다 하고 거실에 나와 거실 바닥을 쿵쿵 내려쳤다. 그런 날이면 그녀는 온종일 방에 틀어박혀 얼굴을 내밀지 않았다.

그녀의 남편은 사대 독자였다. 그녀와는 정반대로 살빛이 검고 투박한 데다가 몸집이 크고 우둥퉁해서 내가 붙여준 별명이 산적이었다. 농담 삼아 '산적님 잘 계시냐?' 하면 까르르 웃던 친구. 그곳을 떠나온 지 십수 년이 지나 전화로 근황을 간간이 듣곤 했지만 이혼소식은 뜻밖이었다.

그런데 뜻밖에 목소리가 담담했다. 너무도 차분해 무어라 위로를 해야 할지 몰랐다. 잘했다, 라고 해야 했을까, 왜 그랬니? 라고 해야 했을까 아니면 좀 더 참고 살지 그랬니. 해야 했을까. 하지만 그 어떤 말도 위로가 되지는 못했을 것이다. 남의 이혼을 두고 잘

했다, 잘못했다고 말한다는 것 자체가 이치에 닿지 않는 말이니까.

그런데 며칠 후 걸려온 전화는 뜻밖이었다. 이혼 조건으로 그녀에게 주기로 했던 집을 이혼 직전 그녀 몰래 다른 여자가 낳은 아들 앞으로 가등기를 해 놓았더란다. 그것도 집값에 아주 근접한 액수로.

한때는 부부라는 이름으로 살을 비비며 살았고 자신의 자식을 다섯이나 낳아준 여자였다. '정말 산적답군.' 차마 입 밖으론 내뱉지 못했지만 그 말이 내 입안에서 뱅뱅 돌았다.

지난 삶은 늘 그림자처럼 우리를 따라다니며 돌아보게 만든다. 아름다운 추억이든 지우고 싶던 추억이던 우리는 그것들로부터 영영 별리될 수는 없다. 기억이라는 창고가 닫히기 전까지는. 악연이었든 필연이었던 결혼이라는 사슬에 매여 살았던 지난날 한 귀퉁이에서나마 아내와의 행복했던 한때를 떠올려 볼 수 있었다면 조금은 아름다운 이별이 될 수도 있었을 텐데. 마지막까지 아픔을 주고 떠나야만 했을까. 다시 소송을 시작했다는 그녀의 말을 들으며 부부는 헤어지면 남이라는 말의 의미를 되새겨보았다.

비둘기 집

얼기설기 얹어놓은 나뭇가지 사이로 빈 하늘이 덩그마니 열려있다. 비둘기가 어디로 간 것일까. 웅크리고 앉아있던 녀석의 동그란 눈동자가 어른거린다. 나무 밑동 둘레에 소북이 쌓여있는 비료를 보니 짜증이 난다. 저 시커먼 비료가 저를 해코지할 무기로 보인 것은 아닐까. 아님 비료를 펼쳐놓느라 나무 밑을 왔다 갔다 했을 남편의 등을 내려다보며 녀석이 위협을 느꼈던 것은 아닐까. 괜스레 안타깝고 서운해 며칠을 두고 빈 둥지를 올려다보았다.

마당 한쪽 장독대 옆의 키 작은 백송나무 가지에 비둘기가 알을 낳아 품기 시작한 것이 삼 년 전부터였다. 이태를 두고 두 개의 알을 낳아 품곤 하더니 올해도 어김없이 찾아와 같은 장소에 둥지를 틀었다. 아기 새가 자라 둥지를 나가면 나뭇가지에 허옇게 말라붙은 새똥이 나무에 해가 될까 봐 걷어 낸 뒤 새 집도 허물어 버리곤 했는데 올해도 꼭 그 자리에 찾아와 둥지를 짓기 시작했다. 삼 월초부터 집을 짓기 시작하기에 조금 이른 감이 있지 않나 싶었는데, 둥지만 만들어 놓고 몇 번 왔다 갔다 하더니 어느 날부턴가 아예 날아오지 않는다. 빈 둥지가 덩그렁 하다.

알을 품은 걸 보지도 못했으니 새끼가 부화해 날아갔을 이도 없을 테고, 근처에 얼씬거리던 들고양이가 무서워 잠시 피신을 한 것은 아닐까? 빈 둥지를 바라볼 때마다 가슴이 허전했다. 그동안 녀석과 정이 들었나 보다.

판자를 잘라 새집을 만들더니 남편이 포포나무 가지 사이에 매달아 놓았다. 붉은 페인트로 단장을 한 새집이 마치 동화 속에 나오는 요정의 집 같다. 그런데 새들은 저를 기다리는 아름다운 집을 곁에 두고도 본숭만숭 이다. 빨간 페인트를 한 집이 세 들어 살기엔 너무 호화스러워 보였을까? 아니면 전세금이 턱없이 비싸보였을까. 아무리 공짜라고 소리쳐도 새들이 내 소리엔 귀를 안 기울인다.

아파트값이 널뛰기를 한다고 울상을 짓던 친구가 아들이 결혼하고 나면 살던 아파트를 내어주고 시골로 이사를 해야겠단다. 관리비도 만만치 않은 데다가 두 부부 사는데 큰집이 무에 필요하겠느냐며 열다섯 평이면 족하지 않겠느냐고 묻는다. 마흔다섯 평 아파트에 살던 사람이 어떻게 열다섯 평에 살겠느냐 고하니 한 사람당 다섯 평이면 사는 덴 불편하지 않다고 누가 티브이에 나와 말하더란다. 그러니 두 사람이면 열 평이면 되는데 다섯 평이 더 넓으니 손자 데려다 운동회 열어도 괜찮지 않겠느냐고 너스레를 떤다. 더 크고 넓은 평수로 옮겨가기 위해 안간힘을 쓰는 요즘의 젊은이들이 들으면 콧방귀 뀔 일이다. 하지만 세상을 살다보니 우리가 찾는 행복은 넓은 평수의 아파트도 아니고 누군가의 창고에서 튀어나온 사과 궤짝 속의 억수로 많은 돈도 아니라는 생각이 든다.

작은 울안에서 오순도순 살았던 어린 시절을 떠올려본다. 식사 때면 둥근 밥상에 아홉 식구가 머리를 맞대듯 둘러앉아 밥을 먹어도 깔깔깔 웃을 수 있었는데. 물질의 풍요가 행복의 척도가 된다면 세상이 얼마나 삭막할까.

바람이 불 때마다 빈 둥지가 허물어질 듯 흔들거린다. 내가 목 빼고 저희를 기다린다는 걸 녀석들이 알까?

깡통치마저고리

열 살 안짝의 계집아이가 넷이나 있으니 명절 때만 되면 우리 집 거실은 온통 꽃 잔치하는 기분이다.

때깔 고운 한복으로 한껏 맵시를 낸 네 아이가 사뿐사뿐 걸어 다닐 때면 '어이구 저것들 중의 하나라도 달고 나오지.' 소리가 절로 나올법하지만 남편은 아들 못 낳은 며느리 입장을 생각해 입도 벙긋 못하게 한다. 손녀들을 끔찍이 귀애하는 할아버지가 좋아서 아이들은 할아버지한테만 매달리며 재롱을 떤다.

작은며느리가 낳은 손녀딸이 입고 있는 옷을 보니 한복인지 드레스인지 아니면 절충식인지 저고리 소매엔 날개를 덧달았고 치마도 층층으로 만들어 한껏 뽐을 냈는데 화려하고도 요란스럽다.

발레를 배운다더니 고사리 같은 손을 죽죽 뻗으며 춤추는 흉내를 낸다. 이담에 커서 모델이 되고 싶다는 당찬 여섯 살 손녀의 야무진 꿈이 대견스럽다고 남편이 껄껄 웃는다. 곁에 있던 제 사촌들도 따라서 빙글빙글 돌아가며 흉내를 내고 있다. 좁은 거실에 때 아닌 재롱잔치가 벌어지고 집안엔 한껏 명절 분위기가 묻어난다.

깔깔대며 춤을 추는 아이들 사이로 언제부터인지 깡통치마저고리를 입은 아이 하나가 춤을 추고 있다.

바닥이 납작한 감색 운동화에 회오리 무늬가 어지럽게 그려져 있는 치마저고리를 입고 학교마당에 들어서니 아이들이 신기한 듯 흘끔거렸다. 거치적거리는 옷고름 대신 옷감을 둥글려 만든 작은 단추가 앞에 달린 깡통치마저고리는 밤을 도와 엄마가 만들어 주신 내 초등학교 입학 예복이었다. 옅은 회색 바탕에 짙은 회색 무늬가 회오리를 도는 모습이 빽빽이 그려져 있는 깡통치마는 내가 나풀나풀 뛸 때마다 무늬가 따라 맴을 돌았다.

설이나 추석처럼 명절이나 큰일에는 한복을 입는 것이 예절이라고 여기시던 어머니는 첫 자식인 나의 입학식에 당연히 한복을 입혀야 된다고 생각하신 모양이었다.

그런데 학교 마당을 아무리 둘러보아도 나처럼 깡통치마저고리를 입고 입학식에 온 아이는 한 명도 보이지 않았다. 어린 마음에도 아이들과는 다른 모양새가 창피하고 부끄러워 엄마 치마폭으로 얼굴을 감싸며 자꾸 뒤로 가 숨었다. 그러나 엄마는 보란 듯이 나를 자꾸 앞으로 끌어당겼다. 가뜩이나 부끄럼을 잘 타던 나는 사뭇 다른 차림새에 신경이 쓰여 고개를 푹 수그린 채 입학식을 치러야 했다.

일곱이나 되는 자식들 뒤치다꺼리가 버거워 힘들었을 어머니가 정성 들여 만들어 주셨던 그 옷은 얼마 못 가 장롱 구석에 처박히는 신세가 되었고 새로 사 온 주홍색 코르덴바지에 희희낙락하던 철부지 어린 소녀는 이제 손녀들을 바라보며 그 시절을 그리워하는 노인이 되었다.

돈만 들고 나가면 얼마든지 마음에 드는 옷을 골라 사 입을 수 있는 세상이 되었건만 어머니의 정성이 깃든 옷을 다시는 만날 수 없다는 생각에 그리움이 밀려온다. 그런 옷이 있었는가, 이제는 기억도 가물가물한데 차례상 앞에 너부죽이 엎드려 절을 올리는 손녀들의 모습 위로 오래된 추억 하나가 성큼 다가와 손짓을 한다.

눈물 단상

집안에 큰일이 있거나 명절을 맞을 때면 만이인 우리 집으로 형제들이 모인다. 그런 날이면 손아랫동서의 어린 딸은 밤도와 울어대기 일쑤였다. 잠자리가 바뀐 탓인지 달래도 소용이 없고 울다 지쳐야만 울음 끝을 놓았다. 그럴 때마다 시어머님은 '계집애가 잘 울면 팔자가 사나워진다는데.' 하시며 미간을 찌푸리곤 하셨다.

지금은 성년이 된 그 조카딸에게 어린 시절 왜 그리 울기를 잘 하였느냐고 물으면 저는 모르는 일이라며 배시시 웃는다. 슬프거나 괴로울 때 실컷 울고 나면 가슴이 다소 시원해진다고들 한다. 하지만 그것이 여자든 남자든 한국인의 정서는 우는 것을 별로 달가워하지 않는다. 그런데 잘 우는 여자를 아내로 맞아들이는 것을 큰 복으로 여기는 부족이 중국 장가계에 살고 있었다.

다민족국가인 중국은 풍습 또한 제각각이라 여러 문화가 어우러져 살아간다. 이 중에 토가족이라는 소수민족이 장가계에 살고 있었는데 결혼할 때 여자는 울면서 시집을 가는 풍속이 있었다. 여자가 잘 울어야 복도 들어온다는 믿음 때문이란다. 그래서 여자 나이 12세가 되면 아예 울음 선생을 불러다 앉히고 우는 연습을 시키기 시작한다고 한다.

산적의 후예들이라는 이들은 매해 7월 7일이면 마을 가운데에 모닥불을 피워놓고 축제를 벌이는데 한 해에 한 번 돌아오는 이날은 처녀에게 총각이 청혼을 하는 날이란다. 이들의 구혼 방법이 특이하였다. 남녀가 모여 모닥불을 돌며 춤을 추다가 마음에 두었던 여자의 발을 남자가 발로 톡톡 세 번 친다고 한다. 그러면 여자가 그의 발을 지그시 밟고 같이 춤을 추게 되는데 이것이 승낙의 표시란다. 말하자면 7월 7일은 남녀가 제 짝을 만나는 축제의 날인 것이다.

그런데 그렇게 즐겁게 춤을 추면서 만나, 정작 결혼 당일엔 울면서 시집을 간다니 잘 이해가 되지 않았다.

주로 여자가 경제권을 가지고 있는 이들은 결혼 첫날밤에 누가 침대에 먼저 오르느냐에 따라 호주가 결정이 된다고 한다. 그래서 처가 쪽 식구들이 결혼 첫날밤에 신랑을 붙들어다 밤새 술을 먹이고 놓아주지를 않아 여자가 먼저 침대에 오르도록 유도를 한단다.

중국여행길에서 가이드의 주선으로 동생과 둘이 호텔 룸에서 토가족 여인에게 마사지를 받으며, 내가 우는 흉내를 내자 이내 알아듣고는 깔깔대고 웃었다.

우는 것을 탐탁하게 여기지 않는 우리네 정서는 그 뿌리가 꽤 깊은 것으로 보인다. 조선 시대 양반가에서는 상을 당하게 되면 곡비라는 계집종을 불러서 대신 울게 한 까닭은 울음은 상것들이나 하는 것으로 천하게 여겼던 때문이란다. 이를 꼬집어 쓴 시인 고은님의 '곡비'라는 시가 있어 여기에 올려 본다.

곡비

고은

조선 시대 양반 녀석들 딱한 것들
폼 잡기로는 따를 자 없었다.
그것들 우는 일조차 천한 일로 여겼겠다.
슬픔조차 뒤에 감추고 에헴에헴 했겠다.
그래서 제 아비 죽은 마당에도
아이 아이 곡이나 한두 번 하는 둥 마는 둥
하루 내내 슬피 우는 건 그 대신 우는 노비였것다.

목청이 큰 내가 갓 시집와서 시어머님께 자주 들어야 했던 꾸지람이 있었으니 여자의 목소리가 담을 넘어가서는 안 된다는 것이었다. 그러니 소리를 내어 운다는 건 조신해야 할 여자의 품격에 흉이 되는 노릇이었다.

울고 싶어도 울지 못했던 옛 여인들의 시집살이는 얼마나 고달팠을까?

'열세 무명 반물치마 눈물 씻기 다 젖었네!'라고 노래했던 이 땅의 여인들. 토가족 여인들처럼 맘 놓고 울어볼 수 있었다면 그들의 시집살이 또한 덜 힘들지 않았을까. 하지만 내 며느리가 눈물을 찔끔찔끔 짠다면 나 또한 그럴 것 같다.

'야야, 너그 어매 돌아가셨나, 뭔 눈물 바람이고!'

다시 쓰기

아파트에 살고 계신 친정어머니가 "김치 통 멀쩡한 게 꽤 여러 개 되는데 갖다 줄까?" 전화로 물어오셨다. "우리 집이야 갖다 주면 이것저것 넣어둘 것 많지요." 하니 알았다고 하며 끊으신다.

며칠 뒤 찾아오신 어머니의 보따리가 큼직해 보였지만 무겁지는 않으신 듯 걸음이 가뿐해 보였다. 오시자마자 보자기를 풀어 보이는데 커다란 김치 통 하나가 동그마니 들어있다. "아니, 김치 통 많다더니 겨우 이거 한 개 가지고 그랬어요?" 내 말에 "한번 볼래?" 하시더니 김치 통을 여시는데 큰 것 안에 작은 것, 작은 것 안에 조금 더 작은 것, 또 작은 것 서너 개나 된다. 가만히 보니 쓰던 물건 같다. 어디서 갖고 오셨느냐고 물으니, 아파트에 사는 사람들은 버리는 게 태반이라며 요새 젊은것들은 물건 아까운 줄 모른다고 혀를 차신다. 나도 모르게 "뭐하러 이런 걸 주워 와요. 지저분하게 남이 쓰던걸." 하고 말았다.

이 먼 곳까지 버스를 두세 번씩 갈아타고 남이 버린 물건을 좋다고 들고 오신 어머니가 망령이 나신 것은 아닌지, 가시고 나면 태워버리든지 해야지 하는 생각에 창고 한쪽에 아무렇게나 던져 놓고는 이내 그 일을 잊었다.

가을이 돌아와 가을걷이를 하고 나니 콩이랑 깨를 담아 둘 것이 마땅치가 않았다. 쌀자루에 넣어두면 금세 쥐 먹이가 될 테고, 마땅한 것이 없을까 여기저기 뒤적이다 보니 여름내 먼지를 뽀얗게 뒤집어쓴 김치 통이 고개를 비죽 내밀었다. 내던질 때의 불쾌감은 어디로 가고, 깨끗이 씻어 말려 깨도 담고 콩도 담아놓으니 보기도 좋고 쥐가 쓸 염려는 안 해도 되겠구나 싶었다.

어머니의 선견지명을 몰라보고 소갈머리 없는 소리를 불뚝 내지르다니!

어머니가 나가시는 아파트 경로당엔 없는 게 없다는데 모두 버린 물건을 주워다 사용하는 것이란다. 텔레비전도, 전기밥솥도, 심지어는 노래방기기도 있다고 했다. 그것뿐이 아니다. 벌레가 조금 났다고 두 말가웃이나 되는 쌀을 버려서 경로당 노인들이 가져다가 깨끗이 씻어 떡도 해먹었노라고 혀를 끌끌 차셨다.

살기 힘들다고 너도나도 입을 모으는 세상에 너무도 쉽게 버려지는 것들이 왜 그리 많은지. 사람도 사람을 잘 만나야 앞길이 달라지는 것처럼 물건도 주인을 잘 만나야 제 쓰임을 옳게 할 수 있지 않을까. 새로운 것을 자꾸 개발해내는 것도 중요하지만 버려야 할 물건도 돌아보는 지혜가 필요한 요즘이 아닐까 싶다. 자원도 부족한 나라에서 작은 애국이라도 실천하는 길은 아껴 쓰는 지혜밖에 더 있으랴.